"60岁开始读"科普教育丛书

上海市学习型社会建设与终身教育促进委员会办公室 / 指导
上海科普教育促进中心 / 组编

享低碳未来

赵 斌 主编

上海科学技术出版社
上海教育出版社
上海交通大学出版社

图书在版编目（CIP）数据

享低碳未来 / 上海科普教育促进中心组编；赵斌主编. -- 上海：上海科学技术出版社：上海教育出版社，2021.12
（"60岁开始读"科普教育丛书）
本书与"上海交通大学出版社"合作出版
ISBN 978-7-5478-5561-4

Ⅰ. ①享… Ⅱ. ①上… ②赵… Ⅲ. ①低碳经济－通俗读物 Ⅳ. ①F062.2-49

中国版本图书馆CIP数据核字(2021)第230211号

享低碳未来
（"60岁开始读"科普教育丛书）
上海科普教育促进中心　组编
赵　斌　主编

上海世纪出版（集团）有限公司
上海科学技术出版社　出版、发行
（上海市闵行区号景路159弄A座9F-10F）
邮政编码 201101　www.sstp.cn
上海盛通时代印刷有限公司印刷
开本 889×1194　1/32　印张 5
字数 70 千字
2021 年 12 月第 1 版　2021 年 12 月第 1 次印刷
ISBN 978-7-5478-5561-4/TK·25
定价：20.00 元

本书如有缺页、错装或坏损等严重质量问题，请向工厂联系调换

内容提要 INFORMATIVE ABSTRACT

"低碳"是指以倡导一种低能耗、低污染、低排放为基础的经济模式,减少有害气体排放。对我们个人而言,"低碳"应该是一种自然而然节约身边各种资源的习惯。

低碳与我们息息相关,积极参与碳减排行动是我们每一个人应该做的。每位公民都是保护环境的主体,在工作和生活中应做好标杆、当好表率,养成低碳生活的好习惯。但低碳并不意味着要刻意节俭,只要能从生活的点点滴滴做到多节约、不浪费,树立绿色价值观念,从而养成节约资源、保护环境、低碳生活的习惯。

本书从地球、社会、生活三个切入点,详细讲述碳减排与环境的关系、低碳生活方式等,尤其是老年人如何践行低碳生活。

编委会
"60岁开始读"科普教育丛书

顾　　问	褚君浩　薛永祺　邹世昌 张永莲　杨秉辉　袁　雯
编委会主任	倪闽景
编委会副主任	夏　瑛　郁增荣
编委会成员	胡　俊　忻　瑜
指　　导	上海市学习型社会建设与终身教育促进委员会办公室
组　　编	上海科普教育促进中心
本书主编	赵　斌
本书参编 （按姓氏笔画为序）	王　峥　王文蔚　王令朝　王诚鹏 刘何靖　孙予罕　李怒云　杨先碧 杨其长　肖炳甲　宋国君　陈雪初 郑胤建　俞海峰　姚晨辉　夏永姚 钱金平　徐　娜　徐拥军　高　鹏 涛　音　陶　颖　黄　涛　靳　强 戴星翼　戴禹杭

总序 TOTAL ORDER

党的十九大报告中指出：办好终身教育，加快建设学习型社会。这是推动全民科学素质持续提升的重要手段，对于实现中国梦有着重大意义。为全面贯彻落实党的十九大精神与《全民科学素质行动计划纲要实施方案（2021—2035年）》具体要求，近年来，上海市终身教育工作以习近平新时代中国特色社会主义思想为指导、以人民利益为中心、以"构建服务全民终身学习的教育体系"为发展纲要，稳步推进"五位一体"与"四个全面"总体布局。在具体实施过程中，围绕全民教育的公益性、普惠性、便捷性，充分调动社会各类资源参与全民素质教育工作，进一步实现习近平总书记提出的"学有所成、学有所为、学有所乐"指导方针，引导民众在知识的海洋里尽情踏浪追梦，切实增强全民的责任感、荣誉感、幸福感和获得感。

随着我国人口老龄化态势的加速，如何进一步提高中老年市民的科学文化素养，尤其是如何通过学习科普知识提升老年朋友的生活质量，把科普教育作为提高城市文明程度、促进人的终身发展的方式已成为广大老年教育工作者和科普教育工作者共同关注的课题。为此，上海市学习型社会建设与终身教育促进委员会办公室组织开展了一系列中老年科普教育活动，并由此产生了上海科普教育促进中心组织编写的"60岁开始读"科普教育丛书。

"60岁开始读"科普教育丛书，是一套适宜普通市民，尤其是老年朋友阅读的科普书籍，其内容着眼于提高老年朋友的科学素养与健康文明的生活意识和水平。本套系列丛书为第八套，共5册，分别为《智能一点通》《享低碳未来》《健忘不可怕》《远离传染病》《爱眼爱生活》，内容包括与老年朋友日常生活息息相关的科学资讯、健康指导。

总　序

　　这套丛书通俗易懂，操作性强，能够让广大老年朋友在最短的时间内掌握原理并付诸应用。我们期盼本书不仅能够帮助广大读者朋友跟上时代步伐、了解科技生活，更自主、更独立地成为信息时代的"科技达人"，也能够帮助老年朋友树立终身学习观，通过学习拓展生命的广度、厚度与深度，为时代发展与社会进步，更为深入开展全民学习、终身学习，促进学习型社会建设贡献自己的一份力量。

前言 PREFACE

全球气候系统变暖、冰冻圈普遍退缩、海洋持续增暖和酸化、海平面加速上升，暴雨、高温热浪等极端天气事件频发。一向对人类爱护有加的地球，面对我们无休止的索取和伤害，终于露出了另一副"冷酷面孔"。

面对全球性的气候变化问题，以及地球环境恶化对生命系统形成的威胁，我们终于无法再视而不见，世界各国开始以全球协约的方式减排温室气体。我国也承诺二氧化碳排放力争于2030年前达到峰值，努力争取在2060年前实现碳中和。

对于我国来说，这其实是一个相当紧迫和"不公平"的目标。虽然大部分欧洲发达国家承诺在2050年实现碳中和，但它们大约在20世纪90年代已经实现了碳达峰，其碳达峰与承诺的碳中和时间相距约为60年，而我国从碳达峰到碳中和的过渡期仅有30年。另外，发达国家基本上是在没有或者很少有减碳压力的情况下实现碳达峰的，在当今低碳减排的国际背景下，我国显然无法延续之前的高碳排放、粗放快速发展之路。

人类只有一个地球，皮之不存，毛将焉附？作为发展中国家，我国积极参与碳减排行动，主动顺应全球绿色低碳发展潮流，积极布局碳中和，彰显了大国的责任与担当。

不过，换个角度思考，实现碳中和对我国来说既是挑战，也是机遇。我国油气资源相对匮乏，发展低碳经济，重塑能源体系具有重要安全意义。我国可以借此契机，调整产业结构、优化能源结构，积极发展低碳和零碳的绿色技术和产业体系，力争实现减碳和增长双赢。

此外，减碳不仅是国家、企业的责任，更与每一个人息息相关。

在面对浑浊恶臭的河流、雾霾遮天蔽日的天空时，我们很容易义愤填膺地大声疾呼！但是，我们又真正为环境改善付出了多少努力呢？你出门游玩时，会记得带上一个水杯，而不是去便利店购买瓶装水吗？你在家中休息时，会随手关掉客厅或洗手间的电灯，或者计算机、电视的电源吗？如果你认为以上这些都是微不足道的小事，那么，你就在不知不觉中为全球变暖多"贡献"了一份力量！

诚然，在全球大背景下，每一个人增加的这点儿碳排放是微乎其微的。但是，涓涓细流，汇成大海，只有所有人都养成低碳减排的习惯，减少资源浪费，在生活中践行低碳生活的理念，才能让地球母亲重新绽放笑容！

目录 CONTENTS

一、低碳地球，生存乐园　　1

1. 地球高烧不止，能想办法降温吗　　2
2. 什么是热岛效应，它有什么危害　　5
3. 城市太热了，如何才能凉爽一些　　9
4. 二氧化碳太多了，植树能减碳吗　　12
5. 把二氧化碳变成汽油，真的可行吗　　15
6. 究竟什么是蓝碳，它对减排有多重要　　19
7. 哪些能源是绿色的，该如何开发　　22
8. 核能是怎么产生的，它是绿色能源吗　　25
9. 可燃冰来自哪里，它为什么可以燃烧　　28
10. 在浩瀚海洋中，究竟蕴藏着哪些能源　　32
11. 与陆地相比，海上风力发电有什么优势　　35
12. 滚烫的岩浆能带给我们光和热吗　　38
13. 与地面相比，太空太阳能有哪些优势　　42
14. 氢气是最环保的，什么时候能大量运用　　44

二、低碳社会，绿色发展　　　49

15. 碳达峰、碳中和，究竟是怎么回事　　50
16. 要实现低碳社会，需要哪些可行的技术　　52
17. 越来越强的低碳技术，可以应用在哪些领域　　55
18. 煤炭石油污染严重，能全用可再生能源发电吗　　58
19. 如何解决可再生能源不稳定的难题　　62
20. 生产清洁能源，可以利用建筑来完成吗　　65
21. 新能源汽车使用的锂电池安全吗，续航能力如何　　69
22. 除了锂电池，新能源汽车还有哪些新奇"食谱"　　72
23. 柴油卡车污染严重，电动卡车可以取代它吗　　76
24. 美丽田野上的农业机械有必要电动化吗　　79
25. 我国农村地广人稀，为何也要节能减排　　82
26. 新能源汽车满街跑了，为何新能源飞机迟迟不见　　86
27. 温度超高的人造太阳，真的可以实现吗　　89
28. 经济与环境双赢，小企业能做到吗　　94

29. 远程输电为什么要采用特高压技术　　97

30. 植物工厂集中生产作物，可行吗　　99

三、低碳生活，人人可享　　105

31. 积极参与植树造林，为减少碳排放出力　　106
32. 为什么要对生活垃圾做好源头分类　　109
33. 垃圾"淘宝"，哪些材料值得回收　　113
34. 垃圾填埋场是怎么变成生态绿地的　　116
35. 在线视频越来越多，如何才能减少能耗　　119
36. 石油资源不断减少，其他燃油可以
　　再生吗　　123
37. 改变囤物习惯，减少资源浪费　　126
38. 剩饭剩菜也能发电　　131
39. 种点植物，让家里变得更凉爽　　135
40. 走路、呼吸，可以利用的零碎能源　　139

享低碳未来

"60岁开始读"科普教育丛书

低碳地球,生存乐园

1 地球高烧不止，能想办法降温吗

情景

夏季的夜晚，李大爷和老伴在阳台上乘凉。李大爷说："小孙子也不出来透透气，成天窝在空调房里。"老伴说："没办法，这天太热了，夜里十点多还这么热！"两人回想起年轻时候的凉爽天气，对比现在已经连续十多天的高温天气，不禁感叹地球真的变暖了。"唉！要是能给地球降降温该多好啊！"

第 21 届联合国气候变化大会于 2015 年在法国巴黎举办之后，世界各国领导人拟定了未来应对气候变化的方案，于是里程碑式的《巴黎协定》诞生。《巴黎协定》表示，世界各国政府将努力寻求方法将全球变暖控制在 2℃以内，且信誓旦旦不会超过 1.5℃。

制定控温 1.5℃ 的目标，绝对是一个好主意。如果全球气温上升 2℃，毫无疑问，世界上一些低洼岛屿将会消失。虽然一些气候科学家认为控温 1.5℃是不可能达到的目标，但乐观人士认为这是有可能实现的。只是有一点必须清楚：要实现这一目标，我们必须创造一个全新的行业——能够直接从大气中吸收大量二氧化碳的"负碳排放"行业。没有这些负碳排放措施，我们只能对控温 1.5℃的目标望洋兴叹了。

我们的首要任务是控制大气中二氧化碳的积聚。人类不断燃烧化石燃料而破坏了大自然生态，大气中二氧化碳的浓度已经从第一次工业革命前的 280ppm（1ppm 为百万分之一）上升到了目前的 400ppm。世界各地气象站的数据表明，2015 年全球气温比第一次工业革命前上升了 1℃。

这里有一关键数字——430ppm，这是联合国政府间气候变化专门委员会（IPCC）确定的对应于全球气温升高 1.5℃的警示信号。一旦全球变暖达到这个临界点，控制气温上升将变得很难。不过从理论上说，我们可以在 21 世纪末将二氧化碳浓度控制在 430ppm 以下。前提是，我们能够创造一个全新的负碳排放行业。

根据"全球碳项目"的初步评估，目前二氧化碳排放量正在逐步回落。其中的原因有三方面。首先，人们燃烧煤炭的量越来越少。因为雾霾等问题的困扰，中国正致力于迅速摆脱对煤炭的依赖，美国发电业的煤炭用量在 5 年内从 53% 下降至 35%。其次，全球对可再生能源的投资已经超过了对化石燃料发电站的投资，乐观人士希望《巴黎协定》能够推动这一趋势。最后，世界大部分地区的能源效率正在不断提高。

二氧化碳排放量可能还会再次上升，但令人高兴的是，这已经接近峰值了。因为世界三大经济体——中国、美国和欧盟，正在步入正确的减排限排的道路。

相比煤炭，石油和天然气造成的二氧化碳排放问题更令人棘手。我们寄希望于新技术可以为运输行业带来突破，其中最有可能的解决方案是使用电动汽车，但这又需要性能更佳的电池。可惜飞机不能利用插接式的电池，也许生物燃料才能解决此疾。如此看来，实现运输行业的二氧化碳零排放是难上加难的事情。

假如依靠技术进步和投资力度，在 21 世纪中叶确实能做到二氧化碳零排放，那也只是为实现 1.5℃目标而走完了一半顺畅的道路。我们仍需要不断地从大气中汲取二氧化碳，才能让全球变暖控制在 2℃以下。

（赵　斌）

2 什么是热岛效应，它有什么危害

情景

盛夏八月，李大爷和老伴热得实在受不了，就带着孙子，驱车去郊区的农家旅店避暑。

到了目的地，下车之后，大家都直呼太凉爽了，比城里凉快多了。此时，旁边有游客答话："这不都是气候变化惹的祸嘛！"李大爷不禁感慨："气候变化是个筐，什么都往里面装。更准确地说，这是热岛效应惹的祸。"

所谓热岛效应，指的是由于人为原因，改变了城市地表温度、湿度、空气对流等因素，进而引起城市小气候变化的现象。

热岛效应的原因有三：一是与农村相比，城市里如水泥森林般的建筑群、柏油路和水泥路面，更能够

吸热和升温,从而使城市地区能够更快升温,并向四周辐射;二是城市使用了较周边地区更多的能源,从而形成了更多的热源,包括来自工业、交通、公共建筑和居民住宅的热源;三是城区的大气污染,更高浓度的气溶胶微粒为城市盖上了厚厚的"棉被",为城市保温。三项因素的叠加,使城市的温度显著高于周

边农村地区，故称之为"热岛"。

我们面临的暖冬、短春和酷暑，究竟是温室效应的产物，还是热岛效应的结果，抑或是两者的叠加？我们应该认真地将这两者的作用区分开。

温室效应是温室效应，热岛效应是热岛效应，别将"冯京"与"马凉"当作一回事。我们遗憾地看到，实践中有将这两者混淆的倾向：不管发生了什么，全球气候变化似乎都是最好的替罪羊。而实际情况是，以热岛效应来解释上海市中心如今的气候与30年前的差别，似乎更有说服力。

那么，为什么要如此较真，非要将这两种效应区分开来？最重要的理由来自生态保护的实践。全球气候变化是大尺度的，要求世界各国的协同努力，而且有很强的不确定性。应对的措施需要在国际政治平台上谈判解决。多少年来，国际气候谈判进展缓慢，政治家和专家们费尽口舌所取得的，只是一地鸡毛。而热岛效应是小尺度的，是一座城市自己的事情，甚至如果认真对待一个城市内部的社区，也能够取得一定效果。

通过热岛效应的成因，我们可以知道，有一些可缓解的路径。

首先，我们尽可能地少用能源，进而少排放废热。措施包括向外转移高耗能产业并淘汰落后产业；推进楼宇节能改造并通过合理的能源管理降低各类楼宇的能耗；排堵保畅，发展公共交通并鼓励人们尽可能少使用私家车；以及养成合理的生活方式，节约生活用能。

其次，缓解或降低柏油和水泥地面的暴露面积，增加绿化尤其是林荫在城市的比重。

再次，遏制城市的过度扩张，保护农村，并在空间上优化乡村与城市组团的关系。

最后，有效控制大气污染。

顺便指出，遏制热岛效应的多数措施同时也有利于缓解温室效应。最重要的是，热岛效应的强弱决定于我们自己。因此，我们每个人都应做些实实在在的事情来缓解我们身边的热岛效应。

（戴星翼）

3 城市太热了，如何才能凉爽一些

情景

傍晚，家住顶楼的张大伯到露台洒了些水，很快就有了凉丝丝的感觉。老伴说："这个办法不错。"孙子明明也在旁边称赞张大伯这个方法堪比空调。明明说："要是整座城市都能降温就好了。"爸爸趁机说："还真有不少办法可以给城市降温呢！"

世界各国的大城市越来越多，大城市的特点是人口多、建筑多、汽车多、工厂多，这些特点让城市的夏天更加炎热，成为困扰人们生活的"热岛"。因此，科学家正在开发各种新技术，努力让城市降温。

（1）引入海水降温法：芬兰的首都赫尔辛基冬天的气温常常能达到零下二三十摄氏度。但是，受到全球变暖的影响，赫尔辛基的夏天也变得炎热起来，最热的时候也会超过30℃。为此，政府开始大规模修建冷却系统，引入海水为城市降温。

赫尔辛基能源公司目前投资了2 500万欧元（1欧元约合7.4元人民币）在市内建设冷却系统。这家公司正在铺设地下管道，用来输送冰凉的海水。每天，几个巨大的水泵从深海中抽出冰冷的海水，这些海水沿着错综复杂的管道系统在城市里快速流动，这样相当于给城市安装了一个大型的制冷空调。

（2）修建城市风道法：武汉是我国有名的"火炉"，同时也是有名的"水城"，城市里分布着很多大的江河湖泊。为此，气象专家为武汉夏季策划了建立城市风道降温的方法，可让水域上的风吹入城市。武汉城市风道的"风源"主要位于六大生态水系，包括大东湖、武湖、府河、后官湖、青菱湖、汤逊湖。

武汉夏季主要吹的是东南风，按科学规划，如果让城市主要道路的走向和风向一致，就能让江河湖泊上的凉风刮进主城区，充当都市的"大风扇"。此外，专家还建议新建居民小区在设计和施工时，各幢尽量错开分布，有利于让凉风顺利通过。

（3）泼水降温法：每年夏季，我们都会在街道上看到洒水车的身影，洒水车可为城市除尘降温。洒水车降温效果不是特别明显，日本一些城市每年夏天都会发起全民泼水降温的活动。研究人员在东京市人流量高的新桥车站广场周围做了一次实验,通过声波温度测量法发现,洒水前和洒水后气温降低了1.5℃。

(4)让路面保湿:日本东京都政府为了缓和城市部分地区的高温,开始在部分区域铺设保湿路面。研究表明,往路面的沥青混凝土中填充一些含有金属粉末的特殊材料,就可以起到路面保湿的效果。

每到下雨天,保湿路面可充分吸收水分,在夜晚路面还可吸收空气中的潮气;晴天时吸收的水分被蒸发,就会带走大量的蒸发热。这种方法的降温原理类似于在路面上泼水,但是比后者更省力、更环保。

(5)开发降温新建材:不少国家都在开发可以为建筑降温的新材料。比如,英国研究人员开发了一种吸湿降温涂料。这种材料在夜晚可以吸收空气中的水汽,到了白天阳光灼热的时候,水汽从涂料中蒸发出来,建筑物的表面温度将因此大幅降低。

日本研究人员也开发了一种环保降温涂料,可在夏季将房屋的室内温度降低6℃以上,能减少40%以上的空调能耗。

(杨先碧　徐　娜)

4 二氧化碳太多了，植树能减碳吗

情景

3月12日是植树节。当天，李大爷带着孙子齐齐来到公园里参加社区组织的植树活动。忙了一上午，爷孙俩总共植了5棵树，成就感满满。齐齐感慨地说："我们的公园更漂亮了。"李大爷说："树木不只是让环境更美，它们还可以为减少二氧化碳做贡献呢！"

通过化学方法直接从大气中吸收二氧化碳的方案有很多，比如"人工树"计划。研究人员通过对各种负碳排放措施做了全球性的分析后认为，不管是在资金方面还是在能源需求方面，这些方案实施起来都是非常艰难的。

增加碳酸盐岩石的自然侵蚀，也可以从大气中吸收二氧化碳，但由于成本的原因，这样的想法同样不太可能实现。

如果化学方法和岩石吸收方法都难以奏效,那么植树造林又将如何呢?当我们种植的树木成熟、不再继续吸收二氧化碳时,可将其砍掉并送入发电站来焚烧发电。接着,我们在这些清理后的土地上继续种植新的树木或速生能源作物,最终它们也能吸收同量的二氧化碳,从而长期提供碳中和能源。

这里我们还可以增加一点技术含量，将树木在发电站焚烧产生的二氧化碳直接捕获、浓缩并埋藏起来，其净效应就是产能的负碳排放。

众所周知，生物能源结合碳捕获和储存（BECCS）技术的发展有效地扭转了我们今天生产能源的方式。曾经，我们采掘煤炭、石油和天然气等浓缩碳燃料，将燃烧后产生的废气直接排放到大气中；如今，我们可以利用植物从大气中吸收分散的二氧化碳，将燃烧后排放的碳进行浓缩并埋入地下。于是，我们产生的电力越多，负碳排放效应就越可观。

我们真正需要的是一套既能分离出大气中的二氧化碳又能提高粮食生产的解决方案。这并非异想天开。其实，农民已经采用很多技巧把碳保留在地下。例如，耕作促进了死亡植物质的分解和二氧化碳的释放，于是在许多地方开始实行"免耕耕作"，这样就可以在土壤中保存植物质。

还有一个更强的解决方案，是埋藏生物炭——将秸秆、粪便和未使用的食物等农业废弃物热解成木炭。埋藏生物炭是亚马孙河流域等其他地方增肥土壤的传统方法。因为生物炭包含了紧密结合的碳原子，它可以在数百年内保持稳定。据计算，2050—2100年，生物炭可提供高达 1 250 亿吨的负碳排放。

覆盖地球大部分区域的海洋，也是地球上最大的碳汇地。往海洋中补充铁或氮以增殖浮游生物，可帮助吸收更多的二氧化碳。目前，已有科学家利用海洋进行大规模的微藻种植。微藻可用作 BECCS 发电站的燃料，也可替代大豆等其他占有土地的作物成为家畜饲料。目前，海洋微藻农场在澳大利亚运转良好。

到 21 世纪中叶，海洋微藻农场可能高达 50 万平方千米。据估计，这样一片海洋微藻每年可吸收高达 250 亿吨二氧化碳。即使只有预计的 1/4，也只要 20 年时间，海洋微藻就可以吸收 1 250 亿吨二氧化碳，同时还喂养了世界上 10% 的牲畜。

（赵　斌）

5　把二氧化碳变成汽油，真的可行吗

目前，"减排"已不仅仅是一个环境热点，更是成为威胁人类生存和发展的、达到国际关系高度的复

杂问题。其实，二氧化碳也是自然界中大量存在的一种"碳资源"。

若能借助替代能源（太阳能、风能、核能等）电解水制得的氢气，把二氧化碳转化为有用的化学品或燃料，将同时帮助解决大气中二氧化碳浓度增加导致的环境问题、化石燃料过度依赖问题，以及可再生能源的存储问题。

目前，二氧化碳资源化利用的研究主要集中在简单小分子化合物的合成。由于二氧化碳是一个非常稳定的分子，很难将其转化为大分子化合物。相关研究很少，这主要是因为缺乏有效的催化剂体系。

我们都知道，商用汽油主要通过石油炼制获得。汽油等烃类化合物是重要的运输燃料，在世界范围内应用广泛，具有很高的经济价值。汽油主要成分为含有 5～12 个碳原子的脂肪烃和环烷烃类，以及一定量芳香烃。汽油具有较高的辛烷值（抗爆震燃烧性能），并按辛烷值的高低分为 90 号、93 号、95 号、97 号等牌号。

中国科学院上海高等研究院低碳转化科学与工程重点实验室的孙予罕研究员、钟良枢研究员、高鹏副研究员，通过成功设计氧化铟/分子筛双功能催化剂，在二氧化碳加氢一步转化高选择性合成汽油方面取得新突破。

孙予罕研究团队设计的双功能催化剂可"身兼数职",帮助二氧化碳省却了中间环节,"一步到位"直接转化为汽油烃类化合物。该技术得到的液体燃料接近 93 号汽油的品质。

目前氢气制备成本较高,在氢气资源过剩的局部地区,或者未来大规模使用风能、太阳能等能源廉价电解水产生氢气时,二氧化碳直接制汽油的技术具有广泛的应用前景。孙予罕研究团队在光电水解制氢方面也做了大量卓有成效的工作。氢气也是一种清洁、高效的燃料,氢气具有相对较高的能量密度,这也是氢气作为能量的载体,被视为车用替代燃料的重要原因之一。

目前将氢气作为燃料驱动汽车,在安全性与可行性方面还存在问题;而将其转化为液态的传统燃料,就无须对现有内燃机进行改动,可直接使用。另外,汽油燃料的能量密度相对更高。汽车、火车、飞机、轮船等需要携带大量的能量,因此现阶段除了液体燃料别无选择。

可能还有人会问,这是否意味着该技术可以将大气中的二氧化碳直接转化为汽油呢?虽然大气中的二氧化碳浓度逐年升高，但是，相对于将二氧化碳作为原料的工业过程来说，大气中的二氧化碳浓度还是太低，只有0.03%，想要以低成本将其收集起来，则十分困难。

现阶段，该技术主要针对火电生产、水泥制备等高二氧化碳排放行业，以及钢厂焦炉气与煤化工废气的高效利用方面。在国家即将征收碳税（即针对二氧化碳排放所征收的税）的大背景下，该技术的优势更加明显。

相信在不久的将来，通过科学家的努力是可以实现空气中的二氧化碳直接转化为汽油燃料。

（高　鹏　孙予罕）

拓展阅读

用二氧化碳合成淀粉

淀粉是粮食中的主要成分，主要由农作物通过光合作用，将太阳光能、二氧化碳和水转化而成。同时，淀粉也是重要的工业原料。

从二氧化碳到淀粉，也就是从一碳化合物到多碳化合物的过程，并不容易。自然界中，玉米等农作物中淀粉的合成与积累涉及60余步代谢反应以及复杂的生理调控。

2021年9月，中国科学院天津工业生物技术研究所在淀粉的人工合成方面取得重大突破性进展，在国际上首次实现了二氧化碳到淀粉的从头合成。研究人员耦合化学催化与生物催化技术，从头设计和构建了从二氧化碳到淀粉合成只有11步反应的人工途径。

6 究竟什么是蓝碳，它对减排有多重要

你听说过鹦鹉洲湿地吗？2020年，有关上海鹦鹉洲湿地蓝碳的研究成果发表在国外学术期刊上，同时还得到了英国《自然》(Nature)杂志的关注。

鹦鹉洲湿地面积约23.2公顷，位于上海市金山区城市沙滩西侧，是由中央海域与海岛保护资金支持实施的海岸带生态修复项目，华东师范大学为技术支撑

单位。鹦鹉洲建成之后，恢复了多样化的滨海植被，吸引了震旦鸦雀、罗纹鸭、中华攀雀等重点保护鸟类，成为市民感知海洋、亲近湿地的滨海生态空间。

那么，关于鹦鹉洲湿地的研究为何会得到国际科学界重视呢？这与环保界热议的"蓝碳"有关。目前被科学家所关注的碳汇生态系统，主要有两种：绿碳生态系统和蓝碳生态系统。前者的"绿"源自森林的颜色，后者的"蓝"源自海洋的颜色。

绿碳生态系统分布在陆地，这个系统中的植物通过光合作用，吸收、转化并固定二氧化碳；蓝碳系统分布在海洋及滨海地区，这个系统中的植物主要包括沿海盐沼湿地植物、红树林和海草以及浮游植物、藻类和贝类生物等，它们在自身生长和微生物共同作用下，将大气中的二氧化碳吸收、转化并长期保存到海岸带和海洋底泥中。

在我国漫长的海岸线上，滨海湿地分布广泛，面积广大，湿地植物通过光合能力将大气中的二氧化碳吸收，转化为碳水化合物，以满足植物生长的需要。在植物凋亡后，生物体中的部分碳被微生物分解，木质素等难分解的碳则被封存在湿地土壤中，而滨海湿地自身周期性淹水条件使得土壤长期处在厌氧条件下,这进一步抑制了碳的分解。研究发现,以盐沼、红树林以及海草床为代表的蓝碳生态系统吸收的碳是绿碳生态系统的10倍以上。

那么,鹦鹉洲湿地蓝碳功能表现如何呢?研究发现,正常运行时,鹦鹉洲湿地的全球变暖潜能值绝大多数情况下为负值,即处于碳吸收状态,每公顷湿地每年净吸收二氧化碳最高可达到100吨以上。根据测算,一辆普通汽车每行驶1千米约排放185克二氧化碳,按照每辆车每年行驶2万千米计算,相当于每公顷湿地每年可以吸收27辆汽车一年的碳排放量。

由于20世纪的发展需求,我国的城市挤占了大量的滨海湿地空间。最近10余年来,随着湿地保护意识的增强,国家和地方开展了一系列的滨海湿地修复工程。

(戴禹杭　陈雪初)

拓展阅读

鹦鹉洲生态湿地

鹦鹉洲湿地东起上海金涛路,西至卫二路,北到大堤路,南临杭州湾,是一个可以露营、放风筝的滨海休闲好去处。

鹦鹉洲湿地种植了香樟、东方杉、落羽杉、湿地松等十几种树种,整个湿地分为湿地净化展示区、盐沼湿地恢复区和自然湿地引鸟区。在湿地净化展示区,还有一处圆形大草坪,可供人们在此开展露营、休憩等活动。

在大草坪旁边,还有三处圆形温室用于科研活动,来到这里不仅可以放松身心,还是一处可以亲近湿地的滨海休闲观光及科普教育好去处。

7 哪些能源是绿色的,该如何开发

世界各国已经认识到气候变暖对人类前途可能导致的灾难性打击,各国政府开始积极发展低碳经济,其关键是开发绿色能源。

绿色能源也称为清洁能源,通常指的是可再生能源,如水能、生物能、太阳能、风能、地热能和海洋

> **情景**
>
> 张大伯陪着孙子明明去逛街,逛了一个多小时,两人都有些累了,准备乘地铁回家。由于离地铁站还有将近1千米,明明建议骑共享单车去地铁站。两人各找到一辆共享单车,扫码开锁。张大伯问明明:"这电子锁的电来自哪里?"明明说:"可能有电池吧。"张大伯让明明再找找,明明最终发现了电源是车筐里的太阳能电池板。"绿色能源真是随处可见呢!"张大伯感叹道。

能。这些能源消耗之后可以恢复补充,很少产生污染。不过,广义的绿色能源也包括对生态环境低污染的能源,如天然气、清洁煤、核能。

在所有绿色能源中,最受重视且技术相对成熟的是太阳能、风能、水能和核能。人类所需能量的绝大部分都直接或间接地来自太阳,目前,对太阳能的利用主要包括热能利用和发电两种方式。地球吸收的太阳能有1%~3%转化为风能,风能是地球"与生俱来"的丰富资源，主要用于发电。

水能是水的流动形成的，在落差大、流量大的地区，水能资源丰富，主要用于发电。与原子核反应有关的能源是核能，它来自地壳中储存的铀、钚等发生裂变反应时的核裂变能，以及海洋中贮藏的氘、氚、锂等发生聚变反应时的核聚变能，主要的用途也是发电。

大规模地开发利用可再生能源，大力鼓励可再生能源进入能源市场，已成为世界各国能源战略的重要组成部分。中国绿色能源资源丰富，开发利用潜力很大。据测算，在今后二三十年内，具备开发利用条件的可再生能源预计每年可达8亿吨标准煤。

对于普通老百姓来说，要支持政府推行绿色能源。比如，我国政府正在推行在产能建筑，把风电和太阳能发电引入寻常百姓家。现在，屋顶上安装太阳能光电板或小型风力发电机早已不是稀奇景象。如果这些小型发电机大量运用，将对能源政策产生重大影响，减少温室气体的排放，也能让不堪重负的输电网喘一口气。

对农村居民来说，还可以参与沼气发电项目。沼气是一种生物能源，也是一种可再生的绿色能源，因为沼气来源于可再生的植物。在不远的未来，沼气将成为一种经济型能源，不仅能满足农村的能源需求，还可将多余的能源输送到城市。沼气可以转变为电力，并入电网，剩余的热力可以用于取暖。由于沼气设备使用的原料是植物，所以产生的废料还可以制成农田有机肥。

（杨先碧）

8 核能是怎么产生的，它是绿色能源吗

世界上的核能储量十分丰富，是石油、煤等化石燃料所能提供能量的十多万倍。如果把核能充分利用，可以满足人类上千年的能源需求。

与石油、煤炭、太阳能、风能等其他能源相比，核能的发现和利用的历史要短得多，核能的发现只有100多年的历史。

1905年，著名的物理学家爱因斯坦提出了少有人能全懂的相对论。不过，利用深奥的相对论可推导出一个相当实用的质能转换公式。这个公式显示，质量

可以转化为能量，而且转化的倍数是相当惊人的，是光速的平方，也就是9亿亿倍。这就是人类获得核裂变能的原理。

除了核裂变能外，核能还包括核聚变能。不过，我们通常所说的核能通常指核裂变能，因为人类目前有能力开发的只有核裂变能。在核武器被禁用之前，人们就开始考虑如何和平利用核能，结论就是可以利用核能来发电。

核电要求原子核的"破碎"不能像核武器那样剧烈和短暂，必须是缓慢、可控且源源不断地释放出热量。核电站的燃料棒也会发生链式反应，但是科学家开发出可以减缓铀原子"破碎"速度的慢化剂，可以让核反应缓慢地进行。

核燃料体积小而能量大，1千克铀释放的能量相当于2400吨标准煤释放的能量。因此，核电站所需原料的运输量要比火力发电站小得多。一座100万千瓦的大型烧煤电站，每年需原煤300万～400万吨；同功率的核电站，一年仅耗铀含量为3%的低浓缩铀燃料28吨。

核电可以帮助人们摆脱对石油和煤的依赖，让人们可以安全地度过能源危机；而且利用核燃料发电的成本要比其他方式低得多。此外，核电站不会像火力发电站那样向大气中排放大量的温室气体和污染大气的气体。

核电站正常运行的时候产生的放射性污染也很少，一年给周边居民带来的放射性影响还不到一次X线检查所受的剂量。正因为核电具有上述优势，各国纷纷兴建核电站。目前，全世界共有核电站400多座，其发电量占全世界总发电量的16%以上。因此，核能是一种绿色环保的能源。

为了更加高效且安全地利用核能发电，各国科学家都在发展更加先进的核电技术，其中我国的技术发展最快。1991年，我国第一座自主设计和建造的秦山核电站才正式投入使用，比一些国家落后了几十年。

然而，我国现在已经开发出世界上最先进的第四代核电技术。我国正在修建的华能石岛湾核电厂是世界首座第四代核电厂，其核心技术是高温气冷堆。它是用氦气取代水作为冷却剂，运行温度可以轻松提升到八九百摄氏度，有利于提高反应堆的发电效率。

（杨先碧　徐　娜）

9 可燃冰来自哪里，它为什么可以燃烧

情景

冬天的某个傍晚，李大爷请张大伯来家里吃小火锅。张大伯发现李大爷给火锅加热的既不是电，也不是燃气，而是一种白色冰块样物质。张大伯仔细看了看，恍然大悟道："你这用的是可燃冰啊！昨天的新闻里还提到它呢！"李大爷笑笑说："你这抬举我了！可燃冰是固体甲烷，市场上还没有呢！我这用的是固体酒精。"

在我们的印象中，冰是一种很冷的东西。它不能给予我们温暖，反而会吸收我们的热量。然而，我国科学家在深海中挖掘到大量可以燃烧的"冰块"，它们将成为人们追捧的能源"明星"。

我们常见的冰块是水冷冻形成的，可燃冰的主要成分并非水，而是一种学名叫"天然气水合物"的物

质。纯净的天然气水合物呈白色,形似冰雪,可以像饭店中常见的固体酒精一样直接被点燃,因此又被形象地称为"可燃冰"。

可燃冰一般形成于 300～4 000 米的深海海底,在我国南海的海底就发现了大量的可燃冰。为什么可燃冰常常被发现于深海海底呢?这是因为天然气在一般的环境中不会和水结合成固体。只有温度足够低、压强足够大时,天然气才会和水化合而形成固体。深海的海底正好具备这样独特的环境。可燃冰中的可燃成分主要是甲烷，即我们熟悉的沼气。

由于含有大量甲烷等可燃气体，可燃冰极易燃烧。同等条件下，可燃冰燃烧产生的能量比煤、石油、天然气要多出数十倍，而且燃烧后不产生任何残渣，避免了最让人们头疼的污染问题。正因为可燃冰具有高效、洁净、潜力巨大等优势，科学家如获至宝，把它称为"未来的新型绿色能源"。

虽然可燃冰储量丰富，但是在现实生活中想用上可燃冰，还存在着较大的难度。科学家认为，可燃冰开发目前存在三大关键难题。首先，科学家还没有找到探测可燃冰的有效方法，并不能准确知道哪里有可燃冰，以及那里可燃冰的储藏量。其次，是经济运输问题。开发海底可燃冰可能需要铺设很长的管道，而管道在冰冷的深海中容易堵塞。另外，可燃冰开发还存在风险，开采不当可能会引发难以预料的环境灾害。

要让可燃冰真正成为替代能源，关键还在于能否进行安全开采。由于可燃冰难以控制，科学家开发出一些试验性的开采方式。2017年5月，我国在南海北部神狐海域实现连续超过7天的稳定产气，取得可燃冰试验性开采的历史性突破。这标志着我国成为全球第一个可在海域稳定开采可燃冰的国家。

除了深海，在陆地上也能挖掘到可燃冰，不过需要在常年寒冷地区，而且要往地下挖很深才有发现。据科学家估计，全球大约有1%的可燃冰分布在陆地上。

我国青藏高原的永久冻土中，就蕴藏着丰富的可燃冰资源。科学家在青海省天峻县木里镇永久冻土带多次成功钻探到可燃冰，我国由此成为世界第一个在中低纬度冻土区发现可燃冰的国家。

我国国土面积辽阔，可燃冰资源储量巨大。据粗略估算，我国南海中蕴藏的可燃冰相当于800亿吨石油，我国青藏高原中冻结的可燃冰相当于350亿吨石油，合计起来相当于我国目前陆上石油、天然气资源量总数的1/2。

海洋有许多未知及不可控因素，开采海洋可燃冰的难度较大，相比之下，陆地上开采技术更为简单。因此有科学家认为，我国应先从青藏高原多年冻土区可燃冰的开发研究入手，等技术手段成熟之后，再转向海域。

（杨先碧　徐　娜）

10 在浩瀚海洋中，究竟蕴藏着哪些能源

情景

张大伯带着孙子明明到海边玩耍。明明见到大海，立即脱了鞋子，开心地追逐着浪花。突然一个大浪袭来，把明明推倒了。好在张大伯眼明手快，将明明一把拽了起来，否则明明就该"吃苦头"了。明明吐吐舌头道："这海浪的劲真大啊！"张大伯说："我们要敬畏大海，它的能量超乎你的想象！"

一望无际的汪洋大海，不仅为人类提供航运、水产和丰富的矿藏，而且还蕴藏着巨大的能量。海洋能通常包括潮汐能、波浪能、海洋温差能、海洋盐差能和海流能等。

每天海洋都有潮起潮落，这些潮水产生的能量叫潮汐能，是可以用来发电的。潮水每日涨落，周而复

始，取之不尽，用之不竭。它是一种相对稳定的可靠能源，很少受气候、水温等自然因素的影响，不存在丰水期和枯水期的变化，全年总发电量稳定。全球潮汐能的理论蕴藏量约为 30 亿千瓦。我国海岸线曲折漫长，这些海岸蕴藏着十分丰富的潮汐能资源。我国潮汐能的理论蕴藏量达 1.1 亿千瓦。

波浪能是指海洋表面波浪所具有的动能和势能。海洋中很少有风平浪静的时候，波浪能是由风把能量传递给海洋而产生的，它实质上是吸收了风能而形成的。波浪发电是波浪能利用的主要方式，此外，波浪能还可以用于抽水、供热、海水淡化以及制氢等。受到技术的限制，目前可供利用的波浪能资源仅局限于靠近海岸线的地方。但即使是这样，在条件比较好的沿海区的波浪能资源储量大概也超过 20 亿千瓦。据估计，全世界可开发利用的波浪能达 25 亿千瓦。

在波涛汹涌的海洋中，连海面下的海水也不平静。这些海水常年流动，其中蕴藏着不少能量。利用海流发电比陆地上的河流优越得多，它既不受洪水的威胁，又不受枯水季节的影响，几乎以常年不变的水量和一定的流速流动，完全可成为人类可靠的能源。海流能发电设备制造起来也相对较简单，就像是风力发电机的水下版本。全球"海流能"储藏量也有几十亿千瓦，我国可利用的海流能约 2 000 万千瓦。

海洋表面和海洋深处的海水温度相差很大，这种温度差中蕴藏的能量叫温差能。首次提出利用海水温差发电设想的是法国物理学家阿松瓦尔。1930 年，克劳德在古巴海滨建造了世界上第一座海水温差发电站，获得了 10 千瓦的功率。据估计，全球温差发电的可利用功率在 20 亿千瓦左右，我国可利用的温差能为 1.5 亿千瓦。

江河入海口是淡水和咸水交界的地方，水中盐离子的浓度差异也是一种可以利用来发电的能量。盐差发电一般用半透膜隔开淡水和咸水，在盐离子浓度差异的驱动下，淡水可不断向盐水渗透而产生水流，从而可以驱动涡轮机发电。全球"盐差能"达 300 亿千瓦，可利用的能量约为 26 亿千瓦。盐差能的研究以美国、以色列的研究为先，中国、瑞典和日本等也开展了一些研究。但总体上，盐差能研究还处于实验室试验水平，离实际应用还有较长的路程。

我国海岸线长，海域面积大，所以海洋能的开发也具有相当的优势。我国目前是世界上建造潮汐电站最多的国家，早在新中国成立之初，我国就开始建立潮汐水电站。我国还是世界上主要的波浪能研究开发国家之一，从20世纪80年代就开始了波浪能的研究。

随着技术的不断进步，我们所利用的能源中将越来越多来自海洋。或许某一天，照亮你家电灯的电能就来自某个海边的海洋能发电站呢！

（杨先碧）

11 与陆地相比，海上风力发电有什么优势

作为一种清洁的可再生能源，风能分布广泛，就地可取，取之不尽、用之不竭。利用风能的最好方式是发电。风力发电是将风能蕴含的动能转变成机械能，再把机械能转化为电能的技术，简称"风电"。风电主要分为陆上风电和海上风电两种形式。

我国"三北"（华北、东北、西北）、云贵高原、东南沿海等中高纬度地区陆上风能较为丰富，其中青海、甘肃、新疆和内蒙古是我国陆上风能储备最丰富

的地区，陆续建设了多个陆上风电场。

我国不仅陆地面积广阔，而且还拥有近1.8万千米的大陆海岸线以及1.4万千米的岛屿海岸线，领海面积达到300万平方千米。因此，我国也拥有丰富的海上风电，潜力巨大。

与陆上风电相比，海上风电具有几个明显的优势：海面不像陆地那样地形高低起伏，风几乎没有阻力，平均风速高，风速稳定，风机发电效率更高；海上风电减少了对稀缺陆地资源的占有，适合建立大型的风电场；海上风电场靠近传统的东南沿海电力负荷中心，有利于电网的消纳和减少长距离输电带来的投资成本和电力损耗。

基于以上优势，近年来我国的风电发展逐渐向海上转移。根据2018年的海上风电总装机数据，我国已仅次于英国和德国，成为世界排名第三的海上风电大国。风电作为新能源的主体部分，正逐渐由替代能源转变为主体能源，发展海上风电将成为我国能源结构转型的重要战略支撑，是我国能源战略与海上强国战略的重要内容。

为了抢占风电领域的技术制高点，上海电力学院符杨、上海东海风力发电有限公司张开华领衔的海上风电联合团队历经10年风雨，艰难攻关，完成了"我国首座大型海上风电场关键技术及示范应用"项目，建成了我国首座也是亚洲首座海上风电场——上海东海大桥100兆瓦海上风电示范工程，全面实现了海上风电技术的国产化。

东海大桥100兆瓦海上风电场建成后，已安全高效运行十多年，打破了国外长期的海上风电技术垄断，取得了我国海上风电开发从无到有的关键转变，塑造了我国海上风电自主品牌，实现了我国海上风电技术的跨越式发展，打造了我国海上风电自主产业链。

作为我国海上风电领域的奠基者，该工程显著促进了我国海上风电行业的科技进步，带动了我国海上风电开发的爆发式增长，为我国能源转型与生态文明建设做出了积极贡献。

（姚晨辉）

拓展阅读

最美风力发电场

如果你到内蒙古的辉腾锡勒草原旅游的话，会有机会看到一排排高达七八十米的白色塔筒矗立在草原上,每个塔筒上面还有3个硕大的类似飞机机翼的叶片。这些就是辉腾锡勒风电场的风力发电机。它们像是一架架风车,在草原劲风的吹动下缓缓旋转。

蔚蓝的天空、青翠的草原和白色的叶片,构成了一幅让游客流连忘返的壮美景观,辉腾锡勒风电场也被誉为"中国最美的风力发电场"。

12 滚烫的岩浆能带给我们光和热吗

地球是个炽热的星球,虽然外面覆盖着冷冷的地壳,内部的温度却高得惊人。据科学家推算,地心的温度在6 000 ℃以上,地壳下那些大量炽热的岩浆的平均温度超过1 000 ℃。高温物体通常蕴含着大量的能量,科学家把高温岩浆中存在的能量叫"地热"。

然而,岩浆的温度实在太高了,现在的科学水平还不能让人类直接去利用岩浆中的能量。但是,这些

> **情景**
>
> 听说郊区新开了一家温泉酒店,李大爷就和老伴一起去"尝尝鲜"。进入温泉池,腾腾上升的热气令肌肤上的每个毛孔都张开,给人一种深深的舒爽感。听服务人员说,这是一处新开发出来的温泉,并非天然喷涌出来的。酒店老板曾经请人勘察出这处地下有温泉,然后打了20米的深井把温泉引入酒店各个房间的温泉池中。

岩浆有时也会在地壳较薄的地方或碎裂的地方(如火山口)往上蹿。在这个过程中,岩浆会加热地壳中的岩石和地下水,并产生热水和水蒸气。科学家就是利用岩石、地下水、水蒸气中的热量来为人类造福。

人类对地热的认识和利用有很悠久的历史了。早在我国秦朝的时候,人们就开始利用温泉洗澡。后来,人们还利用灼热的火山石来烧烤食物,用火山蒸汽来蒸熟食物。由于古人缺乏现代化的设备,他们对地热的利用也只是限于露出地面的地热。

　　地热具有储量大、分布广、清洁环保、稳定可靠等特点，是一种现实可行且具有竞争力的清洁能源。尽管地热的利用历史悠久，但是人们对地热的利用还处于初级阶段。现代利用地热主要有两种方法，一种是地热供暖，一种是地热发电。人类把热热的地下水或蒸汽接上来，送进暖气管道，就可以进行供暖了。

各国逐渐流行的生态建筑中利用的主要能源之一就是地热能。

地热供暖厂需要建立一些大的热水田和蒸汽田,就像收集天然气那样去收集地下热水和地下蒸汽。地热供暖一般是采用低于90℃的低温地热资源。其中60～90℃的热水用于加热工业生产;40～60℃的适中热水,用于医疗、洗浴等日常生活;25～40℃的暖水,用于农业生产。

地理勘测证明,我国拥有丰富而广泛的地热资源,已发现3 200处地热资源区,2 000多座地热井已经挖掘,其中有255座具有高温地热发电的潜力。我国已有2 900处可直接用于取暖的地热资源被发现,其中平原地热的储量就相当于2 000亿吨煤的能量。据估计,我国地热资源的总发电量可达580万千瓦。

距离北京约130千米的雄县县城,已成为我国首个供暖"无烟城"。雄县是有名的"温泉之乡",从2009年以来就开始大规模开发地热资源,目前全县地热供暖建筑面积已达450万平方米。目前,我国地热开发总量连续多年居世界首位,地热供暖面积已超过1.5亿平方米。

(杨先碧　徐　娜)

13 与地面相比，太空太阳能有哪些优势

情景

夜幕降临之时，晚霞满天，夕阳逐渐消失于远处的天边。郭大爷的孙女萌萌问："爷爷，太阳公公去哪里了？"郭大爷说："太阳公公回家睡觉了。"萌萌说："爷爷骗人，老师说太阳是个恒星，会一直发光发热呢！"郭大爷有些尴尬，这才发现孙女不再是那个只愿意听童话故事的小姑娘了。

在地表利用太阳能，会遇到夜晚和阴雨天的麻烦。然而，如果远离地球大气层，进入没有遮挡的太空中，就可以感受到那里总是阳光灿烂，没有黑夜和阴雨天，可以 24 小时全天候地接受阳光的照耀了。基于这个原因，不少科学家多年来致力于空间太阳能的研究，希望有一天人类能够高效收集太阳能。

这样的设想不只是在实验室里了，而是很快就能

实现了。虽然俄罗斯和美国在此领域的启动时间远超我国几十年，但是我国是实施最快的国家。

2021年6月，我国重庆市璧山区的太空太阳能电站实验基地正式开工，如果这个项目顺利完成，那将不仅是我国第一个太空太阳能电站实验基地，也是全球第一个。据了解，整个项目的建设基地选在璧山区科学城片区，总投资金额达到26亿元。

就像地面上的太阳能电站一样，太空太阳能电站是由一块块的高效太阳能光伏电池板组成，只不过后者的发电效率要高得多。

建设太空太阳能电站并不难，就像发射卫星那样把太阳能电站发射到太空中合适位置即可。其实，比较难的一个技术问题是：这些电怎么传输到地球？

相关研究表明，太空太阳能电站的最佳输电方式是微波。未来的太空太阳能电站将安装多个微波发射器，可把电能转化为高能微波，并发射给地面上的接收站。接收站可把微波再次转化为电能，然后传输给千家万户。

在近年来已经提出的多种空间太阳能发电站中，把能源传输到地球大多是采用微波的方式。也有科学家提出可采用激光的方式，但是激光传输能源的方式很可能危及其他飞行器的安全。

在未来的外星探测尤其是近十年内就可能实施的火星探测过程中，如何为太空飞行器"加油"一直是个大问题。科学家表示，太空太阳能电站可以用于解决这个难题。它们可以为附近或路过的一些太空探测器提供能源。

按照研究人员的设想，太空太阳能电站可以根据需要密布在太空的不同位置中，甚至可以发射到其他星球附近，作为星际飞行器的"加油站"。

（杨先碧　徐　娜）

14 氢气是最环保的，什么时候能大量运用

人类目前遭遇的环境问题中最受关注的是空气污染问题，而大气污染的主要来源是燃料。科学家希望为人们开发出更清洁、有效且储量丰富的燃料。

煤和石油虽然在地下经历了亿万年的积累，然而

终将有个消耗殆尽的时候，而且已经为时不远了。科学家表示，煤和石油将逐渐淡出我们的生活，我们正在步入燃气时代。

燃气时代的前半段，人类以天然气为主要的能源。天然气作为化石能源，不产生粉尘，比石油和煤相对环保一些。目前世界上的天然气储量还比较丰富。

然而，即使人类大规模使用天然气，我们还是在不断制造污染。科学家表示，只有全面应用氢气作燃料，我们才有可能真正进入绿色燃气时代。氢气是无色无味无臭的气体，是世界上密度最小的气体。氢气是可再生的燃气资源，它可以通过分解水来获得。所以，氢气简直就是取之不尽、用之不竭的新能源。

比起氢气来，天然气的环保效果就差得远了。纯净的氢气不仅特别容易燃烧，而且燃烧后不仅不会产生有毒废气，而且不会产生导致温室效应的二氧化碳。它的唯一产物是水，不会对环境产生污染。

既然氢气是这么好的能源，我们以前怎么没有想到使用它呢？这是因为现在分解水获得氢气的技术还不是很完善，所以燃烧氢气的成本就比化石燃料高。另外，氢气的储存、运输和使用环节中还存在一些技术问题没有得到解决。

获得氢气的方法是分解水。实验室中分解水获得氢气的技术是电解,但是这种方法成本高,制造过程相当麻烦,只适用于实验室和工业生产中少量氢气的制取。为了获得适合工业生产和日常生活常用的氢燃料,科学家不断寻找一些新的分解水的技术。

科学家认为用阳光分解水是一种最理想的方法,也可能是未来制造氢气的基本方法。用阳光分解水的实质是把太阳能转化为化学能。水分子中氢和氧原子结合相当稳定,想把两者分开,仅仅依靠阳光自身的力量不行,还得请可加快水分解过程的催化剂帮忙。

浙江大学的侯阳等人开发出含镍的纳米催化剂,将催化过程的成本降低了80%,有利于人们获得更便宜的氢能源。有科学家称,仅用阳光和水就能生产出氢和氧的技术是"人类的理想新能源技术之一"。

目前氢能源的重要应用是制造氢能电池,可用于为新能源汽车提供动力。氢燃料电池吸入车载燃料箱中的液化氢气,同时从空气中吸收氧气,从而通过氢气和氧气燃烧产生的热量来发电。

(杨先碧　徐　娜)

拓展阅读

氢能火车

我们都知道,氢气可作为燃料。它不仅可以驱动汽车,甚至能驱动体积庞大的火车。

2018年9月,世界上第一列氢能火车运行在德国的铁路上,行驶过程中几乎没有什么噪音。列车通过移动加氢站加气,一个氢气罐可供给列车行驶1 000千米,最高速度为140千米/时。

氢能火车外表和普通油火车没什么不同,就像一般的通勤列车。然而,由于氢气的使用,火车的排放物对人类健康和地球环境的危害很小,所有的排放物就是水汽。

享低碳未来

"60岁开始读"科普教育丛书

二

低碳社会，绿色发展

15 碳达峰、碳中和，究竟是怎么回事

随着全球范围内碳排放政策日渐趋严，碳中和正成为当前热议话题。2020年中央经济工作会议将"碳达峰、碳中和"列为2021年八项重点任务之一。2020年9月，中国在世界舞台上庄严宣告，二氧化碳排放量要在2030年前达到峰值，努力争取2060年前实现碳中和。

碳达峰即碳排放达峰，是实现碳中和的基础和前提，达峰时间的早晚和峰值的高低直接影响碳中和实现的时长和难度。碳达峰的目标包括达峰时间和峰值。一般而言，碳排放峰值指在所讨论的时间周期内，一个经济体温室气体（主要是二氧化碳）的最高排放量值。

碳中和是指企业、团体或个人在一定时间内，通过植树造林、节能减排、二氧化碳回收利用等方式，抵消其所产生的二氧化碳排放量，实现二氧化碳"零排放"。碳中和是人们对地球变暖的现实进行反思后的自省、自律，是人类觉醒后的积极行动。

世界资源研究所认为,碳达峰并不单指碳排放量在某个时间点达到峰值,而是一个过程,即碳排放首先进入平台期并可能在一定范围内波动,然后进入平稳下降阶段。碳达峰是碳排放量由增转降的历史拐点,标志着碳排放与经济发展实现脱钩。

根据清华大学王灿教授的报告,截至2021年3月10日,全球共128个国家提出了碳中和的目标,中国和哈萨克斯坦计划于2060年实现碳中和,其余国家将目标年定为2050年及以前。这些国家的经济总量约占全球经济总量的70%,它们的碳排放占据全球碳排放的65%。

与此同时,业界也在行动,目前共有逾400家营收超过10亿美元的企业提出了碳中和目标,其中包括沃尔玛、亚马逊、丰田、苹果、谷歌等大家耳熟能详的公司。因此,实现碳中和不仅是各国政府的目标,也影响到企业的战略设计。

"碳达峰、碳中和"背后的意义在于推动社会向绿色发展转型,以能源高效利用、清洁能源开发、生产方式和产业结构转变为核心,发展低碳经济。

(徐拥军)

拓展阅读

需要记住的两个数字

微软公司创始人比尔·盖茨在其2021年的新书《气候经济与人类未来》中提到：关于气候变化，我们需要记住两个数字——一个是510亿，一个是0。前者代表全球每年向大气中排放的温室气体的总吨数，后者是我们为了阻止全球变暖所要达成的减排目标。这两个对比起来惊人的数字表明人类为对抗温室效应所面临的挑战相当巨大，把510亿减为0可谓任重道远。

16 要实现低碳社会，需要哪些可行的技术

为实现碳中和，需要全方位进行能源结构调整和技术升级，带来了巨大的投资机会，包括新能源产业、储能产业、节能材料、循环利用技术、使用低排放原

料、三废治理、二氧化碳的吸收、碳捕集、碳的再利用等。为此,"碳达峰"和"碳中和"将带来诸多低碳技术投资机遇。低碳技术主要有无碳技术、减碳技术、去碳技术、碳汇技术、碳中和技术等五种类型。

无碳技术主要是以无碳排放为根本特征的清洁能源技术,包括风力发电技术、太阳能发电技术、水力发电技术、地热供暖与发电技术、生物质燃料技术、核能技术等,其长远目标是促进清洁能源技术对化石能源的部分取代乃至彻底取代。

减碳技术是指可减少生产、消费、使用过程碳排放量的相关技术。这类技术可达到低碳、高效能、低排放、低能耗、低污染的效果。减碳技术的重点应用领域涵盖电力、热力生产和供应业、石油加工、化学原料及化学制品制造业、炼焦及核燃料加工业、黑色金属冶炼及压延加工业、非金属矿物制品业等二氧化碳高排放量工业行业。

此外,在国土利用领域,倡导资源节约、环境友好、生态整治、节能省地,实现国土空间优化、高效利用与低碳发展。在低碳城市、低碳旅游、低碳农业等领域,倡导循环经济、绿色经济、生态经济与低碳经济的科学技术整合发展,并大力鼓励与低碳消费、低碳生活、低碳数字化空间有关的技术研发与应用。低碳交通方面，当前还需要特别重视大幅度减低汽车尾气排放，抗御城市灰霾、防治颗粒物污染的技术发展。

去碳专家主要开发以降低大气中碳含量为根本特征的二氧化碳的捕集、封存及利用技术，努力实现碳的零排放，主要包含碳回收与储藏技术、二氧化碳聚合利用技术等。如果减碳是把碳从多减少，零碳是让它成为零，那么，去碳就是负的碳技术，实现二氧化碳充分利用。

碳汇一般是指从空气中清除二氧化碳的过程、活动、机制，它是地面植被、水体等吸收并储存二氧化碳的能力。森林、绿色农田、江河湖海是陆地生态系统中的综合碳库，积极植树造林、营造各种绿色植被、保护蓝色海洋和各类水体生态系统、推行绿色农业、生态农业等，发展与此有关的碳汇技术，是应对全球气候变暖的重要手段。

碳中和是通过计算二氧化碳的排放总量，然后透过植树补偿、绿色补偿、使用再生能源补偿等方式把这些排放量抵消掉，以达到环保的目的。碳中和技术还包括碳信息、碳会计、碳测量、碳交易等软技术。

（徐拥军）

17 越来越强的低碳技术，可以应用在哪些领域

在碳中和背景下，碳交易会大幅增加企业成本，因此企业转型采用低碳技术或低碳产品是大势所趋，从而使得低碳技术、低碳产品持续火热。

（1）太阳能和风能产业：国家开始新一轮支持风能、太阳能等可再生能源发展和非常规天然气开采利用，包括相关的多晶硅、单晶硅、导电玻璃、导电银

浆、太阳能光伏板、新型钙钛矿材料、风能叶片轻质高强材料产业等。

（2）氢能产业：氢作为清洁能源，燃烧的产物为水，无二氧化碳排放，是减碳的最佳能源。氢能产业包括水解制氢催化剂、光解制氢催化剂、气态储运、低温液态储运、固体储运、高压气态储氢、有机液态储运、加氢站、氢燃料电池等。

（3）储能电池产业：对水电、风电、光伏电等清洁能源的使用涉及电池储能，包括以锂电池为主的储能电池，锂电池的上游为原材料资源的开采和加工，主要有锂资源、镍资源、钴资源和石墨等等；中游包括镍钴锰三元正极材料、碳负极、硅碳负极、电解液、固态的电解质、隔膜、极耳等；下游包括电池包、电池模组、线束、连接器等。

（4）新能源汽车产业：传统汽车使用石油，碳排放极高，我国传统汽车产业正逐渐转变为新能源汽车产业，并实现产销的快速增长。"十四五"规划将新能源汽车列入低碳环保经济，随着碳交易的推动，新能源汽车将进入快速发展期。

（5）生物降解塑料产业：生物降解塑料摆脱了对石油的依靠，将大幅降低碳排放。如由二氧化碳与环氧共聚物所得的脂肪族聚酯型生物塑料，以生物质淀粉为原料制备的降解塑料等。

（6）碳捕捉、再利用产业：在各种燃烧排放的气体中分离出二氧化碳，并进行收集、净化和压缩，不但可降低工厂中二氧化碳的排放，而且收集的二氧化碳可以再利用。如用于食品的冷藏运输、聚合制备生物塑料、塑料的发泡剂、植物气肥等。

（7）保温节能材料产业：新型节能保温材料用于提高建筑保温、工业保温，减少能耗，实现低碳目的。二氧化硅气凝胶具有高孔隙率、低密度、低热导率，隔热保温特性优异，是极具潜力的新材料，在节能环保、保温隔热电子电器、建筑、工业等领域有巨大潜力。

（徐拥军）

拓展阅读

碳中和与绿色投资

2021年4月，中国首部"碳中和"主题蓝皮书——《零碳中国·绿色投资蓝皮书》在北京发布。

蓝皮书梳理了零碳从理念到行动在全球和中国发展的趋势，描绘了零碳中国的发展图景、实施路径、投资场景以及潜在市场规模,识别了七大最具潜力的零碳投资领域。

蓝皮书预测零碳中国将催生七大投资领域,撬动70万亿绿色产业投资机会。中国的零碳转型还将创造大量新增就业机会,仅零碳电力、再生资源利用、氢能等新兴行业带来的新增就业机会就将高达3 000万个。

18 煤炭石油污染严重,能全用可再生能源发电吗

为了抑制全球气候变暖,大多数科学家都同意弃用污染严重的煤炭、石油等化石燃料。在过去的十多年里,可再生能源技术得到突飞猛进的发展。能源专家对可再生能源的未来趋势一直在激烈讨论,议题之一是当下100%可再生能源发电是否可行,以及如果可行,又该如何实现。

近年来,可再生能源的"势头"越来越大,相关

装置的数量也在飙升。2017年,可再生能源发电量占到全球发电量净增加值的70%。其中,全球太阳能装机量共计增加了9 800万千瓦(一半以上来自我国),位居所有能源之首。

美国超过30%的电力是由可再生能源提供的,预计这一比例将在2050年提升至50%。德国计划在2050年前,实现可再生能源发电量占全国总发电量的80%以上。一些石油和天然气大国也雄心勃勃地制定了目标,比如,阿拉伯联合酋长国计划到2050年,可再生能源将提供全国44%的能源需求量。

这些计划看似完美,其实还远远不够。应对气候变化不仅需要改变发电方式,使用化石燃料的各个行业(如运输业、供暖业、重工业等)都有待调整。国际能源机构(IEA)表示,为实现将全球变暖控制在2℃以内(相对工业化以前)的目标,在全面提高能源效率后,我们应尽量以耗电设备取代耗油设备,这可能是目前为止最经济且最有效的做法。

然而,这项刚启动的任务,异常艰巨。即使只把依赖化石燃料的几个行业纳入电网,工程量也是巨大的。目前,世界上只有25%的电力来自可再生能源。电网专家估计,欧洲的可再生能源发电量很有可能在

2050年翻两番。

能源发电的转变也面临着巨大的经济挑战。首先，可再生能源发电的安装成本非常高；其次，随着传统工业（依赖化石燃料）提供岗位的减少，大量工人将面临失业，导致电力交易方式发生改变；最后，可再生能源通过化石燃料削减和避免环境灾难来实现经济效益。

美国斯坦福大学的能源专家马克·雅各布森表示：一些国家到2050年有可能完全实现利用风能、水能、太阳能来发电，并满足整个国家的能源需求。随后，他和团队又分析了139个国家（这些国家产生了全球99%的二氧化碳排放量）的相关数据，"量身打造" 2050年实现100%可再生能源发电的可行性计划。

美国加利福尼亚大学伯克利分校的能源研究员丹尼尔·科曼说："即使技术允许，全用可再生能源发电也不代表实际操作可行。"尽管如此，我们努力的方向和面临的障碍都愈发明朗了。

（靳　强）

拓展阅读

用火车储存能量

不少可再生能源发电站建设在偏远山区，这里能源不太稳定。一些科学家想到了用火车来储能的妙招。

其基本思路是把电能转化为火车的势能。沿着山坡修建若干条专为储能所用的铁轨。当电网能量需求较低时，利用富裕的电能驱动装载了重物的电力机车沿铁轨爬到坡上待命。当电网需求增加时，机车沿铁轨滑下带动制动系统发电。坡越陡，能量储存效果越好。

这种方法在技术上具有可行性，可迅速给电网在用电高峰时补充大量电能。在美国加利福尼亚州、内华达州等地，一些电站正在修建多个火车储能系统。

19 如何解决可再生能源不稳定的难题

面对全球气候变暖、能源短缺、环境污染等严峻挑战，大力发展以风能、太阳能、水能为代表的可再生能源，推动能源生产从传统能源向可再生能源转型，是我国乃至全球能源与经济实现可持续发展的重大需求。然而，可再生能源的波动性增加了发电和需求的双重不确定性，如何才能真正解决这个难题？

目前，大致有两种方法解决可再生能源的波动性。一种方法是，找到一种巧妙的策略，使得人们对能源的需求随着风能和太阳能供应量的增减而增减（即"需求管理"）。另一种更简单的方法是，储存多余的能源，以便在需求高峰期使用。比如，美国特斯拉公司在澳大利亚建造的锂离子超级电池，就是很直观的例子。

特斯拉的超级电池是全球最大的锂离子电池，它能同时为 3 万户家庭供电，可以应对澳大利亚南部地区的一系列停电事故。但特斯拉的锂离子超级电池不乏一定的局限性。它所容纳的能量能够应对单日内的供需失衡，若要应对一个月或一个季度的能量波动时，其制造成本就过于高昂，这也是实现 100% 可再生能源发电的最大障碍。因此，可再生能源的存储设备，不仅要满足能存储数月之久，其成本也要控制在合理范围内。

水力发电有着较为可靠的储存技术，而且具有较好的发展前景。水库是储存雨水的巨型"设备"，当用电需求达到顶峰时，可以通过发电涡轮机释放。一些水电站也可以利用非高峰时段的多余能量将水抽上坡，以备下一次通过动力涡轮机运行。这种抽水蓄能技术占据了全球电能储存的绝大部分份额，而且仍有很大的发展空间。

如今，这项技术在全球各地重新流行起来。过去十年中，我国的储水能力增加了一倍多，并计划再翻一番。技术升级，使得那些缺少充足水资源或地理位置不具优势的地方也能实施，例如，澳大利亚正在评估一个大型沿海工厂，通过将海水提升到邻近高原上的水库（海拔约 260 米）来储存电力。

但是，由于其他环境因素的存在，水力发电的储存方案极为复杂。毕竟大部分水要用来维持河流生态系统、灌溉作物以及满足城市日常用水等。此外，居民的拆迁、兴修水利也是大工程。

目前来看，更有希望的解决方案是迅速改进技术，将剩余电能转化为可燃氢、甲烷，甚至合成柴油燃料，以实现大容量存储。

电转气技术是使用电力将水分解成氢气和氧气。氢气作为清洁能源，有着广阔的应用前景，比如驱动车辆和工业锅炉等。

氢气还可以被压缩送入天然气管道，输往大型储存地，以备能源需求高峰期使用。氢气甚至可以进一步与二氧化碳反应，生成的甲烷可替代地下天然气。

采用区域间共享能源，也是应对可再生能源波动的一种方式。毕竟，风总是喜欢停留在一个地方，没有风的地方则可能阳光充沛。

如果能够实现风能和太阳能的跨地域运输，那么就可减少能源的储存量。

（靳　强）

20 生产清洁能源，可以利用建筑来完成吗

情景

郭大爷家住顶楼，在几年前就安装了一个太阳能热水器，在洗澡时不用像以前那样担心耗电过多，每次都洗得十分舒畅。最近，他听说可在房顶上安装太阳能电池板，不但可享受免费用电的畅快感，还可以把多余的电卖给国家。郭大爷有些不放心，怕自家安装了太阳能电池板，阴雨天会没电用。于是打电话给电力公司，对方说可以放心安装，用不完的电电力公司也可以收购。

在屋顶铺设与建筑结合完美的光伏电池组件，安装占地面积很小的垂直轴风力发电机；在房屋朝阳面贴上柔性光伏电池薄膜。在风吹日晒之下，一道道电流不断汇集起来，流入电网。

　　产能建筑能够产生能量,其所产生的能量能够抵消甚至超过自身运行所需要的能量。产能建筑用以产能的资源多种多样,如阳光、风、地热等。例如:湖南省正开展"千亿级浅层地热能开发工程",计划新建2000个以地热为冷热源的能源站,为公共建筑和民用建筑赋能。据居民反映:使用新的地热能源系统,不仅安全清洁,还经济实用。

　　除了独立的能源站,小区也能成为能源的生产者。在产能小区中,各家各户的厨余垃圾通过管道输送到沼气发电站。光电、风电与沼气电联成直流微电网。在不影响小区绿化的情况下，在小区朝阳的空地安装太阳能热水器，与小区环境融为一体。一个小区的电能与热能可与邻近的小区互济互补，或将富余的电能和热能分别卖给国家电网和城市热网。

  产能建筑是在对建筑低碳节能标准不断提高的社会大背景下应运而生的。据统计：我国城乡建筑面积超过640亿平方米，在建的尚有100亿平方米以上。每年由建筑运行带来的碳排放达到120亿吨以上，建筑施工还间接导致钢铁、水泥等制造领域16亿～18亿吨的碳排放。截至2019年，建筑领域相关碳排放已占到全社会排放总量的38%左右。

  能源紧缺、环境污染已经成为影响中国和世界可持续发展的重大问题。同其他领域相比，建筑具有巨大的节能潜力。建筑节能一直是世界各国降低能耗、应对气候变化的重要手段之一。世界主要经济体都在积极推动建筑节能，而产能建筑和产能小区可最大限度地降低能源消耗，降低碳排放，充分利用自然资源与周围环境和谐共生。

（王诚鹏 王文蔚）

拓展阅读

备受瞩目的光伏建筑

在产能建筑与产能小区相关技术领域中,光伏建筑一体化技术备受瞩目。从理论上说,一栋建筑全年所接收的太阳辐射总量有可能超过其需求量。近10年来,光伏设备成本降低90%,提高了太阳能发电的经济性。与此同时,光伏电池的光电转换效率也有了很大的提高。

经过多年市场沉淀,光伏建筑一体化发展模式及技术路线逐渐成熟,地方政府日益重视。目前已经有超过20个省、直辖市发布了相关政策,在补贴及并网等方面给予大力支持。

随着技术升级,发电效率不断提升,光伏建筑一体化整体发电量增加,业主收益率得以提高,因此,越来越多的业主愿意采用光伏建筑一体化技术。可以预见,产能建筑与产能小区的建设将形成一个庞大的产业、一个庞大的市场。

21 新能源汽车使用的锂电池安全吗,续航能力如何

情景

一天下午,李大爷看到儿子李坤垂头丧气的样子,就问道:"你遇到麻烦了?"李坤说:"还不是因为车牌,拍不到车牌,车子都不敢买。"李大爷说:"慌啥呢?买新能源汽车吧,现在可选择的车型已经很多了,还可以免费上车牌,不需要摇号。"李坤有些犹豫,齐齐也在旁边鼓动自己的爸爸:"我同学娜娜的爸爸就是开的新能源汽车。因为那车环保节能,她可自豪了。"李坤听从了爷孙俩的劝告,去购买了一辆新能源汽车,很快就上了车牌。

近年来,我国纯电动汽车企业如雨后春笋般涌现,纷纷发布自家量产版新能源汽车。老牌汽车厂商也不甘落后,纷纷发布新能源汽车产品线。

相对于传统燃油车，新能源汽车大大降低了对石油等化石资源的依赖。纯电动汽车是新能源汽车中的最具代表性的车型。目前已经发售的大多数纯电动汽车，搭载的都是锂离子电池组。

商品化的锂离子电池，最初于 1991 年由日本索尼公司制造。经过近 30 年的发展，锂离子电池的技术、工艺等各方面得到了长足进步，如今在我们的日常生活中已有了广泛的应用。

衡量电池性能，主要从几项基本指标入手。比如，我们希望电池很安全，不能在使用过程中着火爆炸（电池安全性）；希望电池能够用很多年，不要几次后就无法继续使用（电池工作寿命）；我们希望电池轻便，体积小，不占太多空间（电池能量密度）；希望电池充电时间短，放电电流足够大（电池功率密度）；我们希望电池价格不要太高（经济性）。

综合考虑这些因素，锂离子电池应该是目前性能最好的电池了。这也是锂离子电池被广泛应用于纯电动汽车等新能源领域的重要原因。为了满足新能源行业对高性能锂离子电池的需求，业界对电池发展有明确的目标。为此很多新的锂电池体系被设计出来，包括锂空气电池、锂硫电池、全固态锂电池等。

锂离子电池作为一种能量密度高、性能优异的二次电池（即可充电电池），在出行领域有着广泛的应用。从街头常见的单人平衡车和电动自行车，到大型的纯电动汽车，再到公共交通领域普遍应用的电动大巴车和电动列车，锂离子电池都扮演着重要的角色。

容量大的锂离子电池组，可以让电动汽车跑得更远，也就是电动汽车的续航里程更长。但是在实际使用过程中，纯电动汽车实际续航里程只能达到标称续航里程的80%。对于那些没有电池主动加热系统的纯电动汽车，在冬天的低温环境和开启暖气的工况下，其实际续航里程可能只有标称续航里程的60%～70%。

当然，300千米左右的续航里程应对一般的市区出行绰绰有余。但是对于长途出行，相比传统燃油汽车1000千米左右的续航里程，纯电动汽车还有很大的发展空间。

电动汽车用锂离子电池，一般可以经历1000多次充电，也就是说，如果一辆纯电动汽车平均两天充电一次，那么其电池能稳定使用五年以上。五年后，这些电池能够存储的电量会衰落到最初的80%，也就无法满足电动汽车等设备的储能需求了。

电动汽车所用的锂离子电池退役后,当然不能像手机电池那样直接被丢弃。只有规范、高效、梯次利用这些退役的电动汽车电池,才能够产生巨大的经济效益和环境效益。

(夏永姚)

22 除了锂电池,新能源汽车还有哪些新奇"食谱"

情景

张大伯一家围坐在桌子旁吃饭,孙子明明有些发愁,因为他最近胃口不好,对以前吃惯了的食物有些难以下咽。张大伯感到有些无奈,只好驱车带他去饭馆,看看有没有什么新奇的食物能引发他的食欲。下车后,明明看到停车场有燃油车和电动车,突然问爷爷:"车子天天不是喝油,就是吃电,难道它们不会像我一样厌食吗?"

我们知道，现在的汽车大多以"喝油"为主，少数汽车纯粹"以电为食"。为了让我们生活的环境，尤其是城市的环境更加美好，我们正在大力推广新能源汽车。那么，除了以锂电为动力外，新能源汽车会有哪些奇特的"食谱"呢？

（1）以空气为"食"：在石油日渐紧缺的今天，有研究人员想让汽车"喝风"前行。做出这种大胆设计的是法国研究人员，他们研制出一种新的环保汽车，以压缩空气为动力，而且最高时速可达112千米，灌满一气瓶压缩空气可跑300千米。这种环保压缩空气动力汽车被人们称为"空气汽车"。

空气汽车补充燃料时加的是压缩空气，压缩空气可以在"加气站"进行补给。空气被压缩后，储存在一个气缸里。当车需要大量的动力，如在发动和加速时，压缩的空气就会派上用场，它会驱使活塞，令车轮转动。

（2）以核能为"食"：1958年，汽车大王福特曾在一个广告里告诉美国观众："有这么一辆车，连续开5 000英里（约8 046千米）都不用加油，这样的车你想开吗？"在汽车的可能"食谱"中，只有核能可担此重任。60年前，福特公司真的造了一台核动力汽车,其主要的工作原理是铀裂变产生的热量来推动蒸汽发动机运作。

近年来,美国凯迪拉克公司正在研制一款以钍为原料的核动力概念车。钍和铀一样都是放射性元素,都可以作为核裂变的原料。为这款汽车加一箱钍,可以做到某种意义上的"永不加油",因为那箱钍可以让汽车发动机能连续运行100年。

(3)以地沟油为"食":我国科学家已经成功地将地沟油转化为生物柴油,目前上海以地沟油为主要原料的生物柴油加油站将近200座。别看"地沟油"现在吃香,其实背后花了足足10年,才从研发成功到进入实际使用。

环保部门的研究数据显示,车辆使用生物柴油混合燃料后,发动机运行正常;氮氧化物排放与石化柴油相当;重金属以及细颗粒物等污染气体排放都有着显著的降低,碳氢、一氧化碳、颗粒物都在10%以上的下降,意味着对大气影响更小了。

(4)以太阳能为"食":一些汽车厂商正在开发以太阳能为补充能源的汽车。比如,韩国一家公司推出了全球首款配备车顶太阳能充电系统的汽车,它可以用太阳能为车内的空调系统供电,从而减少汽车油耗。汽车可一边行驶一边充电，理论上每年可以增加 1 300 千米的行驶里程。

目前，完全以阳光为动力的太阳能汽车大多没有进入实用阶段。比如澳大利亚一款名为"太阳能极速"的太阳能驱动的汽车，造价高达 28 万澳元。该车表面覆盖了 400 块太阳能电池板，其耗电功率为 1.2 千瓦，只相当于一台电烤箱。

（5）以风能为"食"：荷兰一直是风能利用的大国，风力发电比较普遍。近年来，一些研究人员开发出完全以风力为动力的汽车。风力汽车通常是单人乘坐的汽车，整车质量大约为一两百千克，车体主要由轻巧的碳纤维制成。

风力汽车的最大特征是尾部有一个巨大的风力涡轮，完全借鉴了飞机上风力涡轮的设计。与车体相比，这个涡轮显得特别巨大，直径通常在 2 米以上。驾驶员可通过涡轮旋转的声音来分辨叶片的角度是否合理，如果产生"呼呼"的声音，说明叶片受风力驱动效率高；如果产生"吱吱"的声音，说明风力不能很好地驱动叶片。通过操纵摇把可调整旋转轮叶片的角度，让风力更好地驱动汽车。

（杨先碧　徐　娜）

23 柴油卡车污染严重,电动卡车可以取代它吗

情景

郭大爷带着孙女萌萌在人行道上走着,一辆大卡车疾驰而过,喷出滚滚黑烟。小姑娘不禁蒙住了嘴鼻,那气味实在太刺激了。好不容易等那辆卡车过去了,萌萌放开手,结果又一辆大卡车从身边驶过。郭大爷见状也有些无奈,赶紧带着萌萌进入地铁站。萌萌看着即将进站的列车,说:"要是卡车像列车一样是电动的,我们以后逛街就不怕有黑烟了。"

仅仅数年前,柴油发动机在重型车领域内的统治地位还是不可撼动的。而现在,人们关心的问题已变成了:柴油发动机还能"苟延残喘"多久。

在逐步淘汰内燃机汽车的问题上,人们已达成了广泛共识。一些国家甚至计划未来禁售汽油车与柴油

车。比如，挪威打算最早于2025年开始实施相关政策。不过，电动卡车的发展有一个重要的问题亟待解决：电动车辆行驶的里程越长，需要搭载的电池数量就越多，又大又笨重的电池将挤占掉大量的货运空间。

通常，柴油半挂式卡车加满一箱柴油，可以搭载20吨货物行驶约1400千米。据测算，一辆电动卡车要想行驶同样里程，需要配备25吨电池组，只能搭载4吨货物。如果运输大量货物，那么电动卡车的实际行驶里程将大幅缩短。美国一家发动机制造商推出的一款电动重型卡车样车在搭载22吨货物的情况下，续航里程只有160千米，除非加载一个柴油发电机。

不过，也不是所有重型车辆的使用者都对续航里程有较高要求。德国一家商用车制造商推出的一款纯电动卡车可装载3吨货物，续航里程为100千米。一家包裹递送公司成为其首位客户。看来短途货运或许可成为电动卡车大展拳脚的舞台。

在美国，一种混合动力垃圾清运车也驶上了一些城镇的街头。它搭载有一个电力发动机、配套的电池组以及一个可由柴油或汽油驱动的发电机以延长车辆的续航里程。

采用电动机的重型车辆有诸多优势，其中最吸引人的是其优异的节能特性——每千米的行驶成本还不到柴油车的一半。此外，由于电力发动机的故障率低，使得电动车辆的后期保养成本也更低廉。

电动车的短板在于目前电池的价格仍然十分高昂，而且根据车辆的使用情况，数年后可能还需要更换电池。换言之，虽然电动车辆的后期保养成本几乎可以忽略不计，但前期的投入较高。

好消息是，随着电池技术的不断进步，纯电动卡车成为柴油卡车有力竞争者的日子并不会太遥远。有专家认为，只要能将现有电池的动力与质量比提高一倍，这一愿望就能实现。按照目前相关技术的发展速度，或许10年后就能达到目标。

为了更好应对未来可能出现的复杂局面，一些发动机制造商也做了两手准备：在继续保持对柴油发动机投入力度的同时，积极开展电力发动机的合作研发。今后随着产能的扩大，未来电动车辆的价格或许会有大幅下降。

（陶　颖）

24 美丽田野上的农业机械有必要电动化吗

情景

周末,郭大爷带着孙女萌萌去乡下玩,让她感受一下农民伯伯种田的艰辛与快乐。结果郭大爷在"农家乐"遇到了李大爷,聊起来就没停了。萌萌只好独自一人去田野里玩。没多一会儿,萌萌就回来了。郭大爷问她为啥不多玩一会儿,萌萌说受不了田里拖拉机的黑烟与噪音。

如今,人们对电动汽车早已不陌生,路上行驶的电动汽车也越来越多。很多人或许没有意识到,在广阔的田野上还有很多"喝油"的大家伙,它们就是农业机械。我国是农业生产大国,燃油动力的农业机械(简称农机)数量庞大,在低碳转型与能源安全的大背景下,发展电动化农机非常迫切。

据国家统计局发布的数据:2019年我国农机总动

力为10亿千瓦,农机总量近2亿台(套),其中拖拉机保有量2240万台。农机柴油用量巨大,据统计,2019年我国柴油消耗总量约1.6亿吨,其中农机消耗量占总量的近1/3。

燃烧柴油严重污染环境,危害极大。1吨柴油燃烧后排放3.115吨二氧化碳,我国农机柴油的年消耗量为0.53亿吨,燃烧后向大气排放二氧化碳1.66亿吨。农机排放的尾气中还含有大量的一氧化碳、碳氢化合物、氮氢化合物、二氧化硫、甲醛等上百种不同的化合物,它们与石棉、砒霜等物质一样,具有高度的致癌性。

有科研人员指出,农机柴油"泄、漏、跑、散"会对水源和土地造成严重污染。据检测:手扶拖拉机每分钟漏柴油约10滴,每天漏油约1.2千克(12 000滴柴油约为1千克);每滴柴油在农田水面上产生的油迹扩散圈的污染面积约为3.1平方厘米,1千克柴油污染面积约为3.7平方米。

小型拖拉机可以拖挂多种作业机械,平均每年作业时间280天左右。据此计算,一台小型拖拉机全年漏失柴油约336千克,污染面积达1 243.2平方米。据了解,农机中有漏油现象的柴油机约占20%,按拖拉机保有量 2 240 万台计算，漏油的约有 448 万台。这意味着每年全国约有 5 569.5 平方千米农田受污染。

柴油对土壤有毒性。柴油污染会影响土壤的通透性，破坏土壤的三相（水、气和固体颗粒）结构，影响土壤中微生物的生长，阻碍植物根系的呼吸及对水分养料的吸收，危害植物的生长，甚至导致植物根系腐烂坏死。

近年，我国电动汽车及相关技术获得了飞跃式的发展。电动汽车发展过程中沉淀的技术与产业，为传统农机由"油"改"电"奠定了基础。例如，电动汽

车充电技术成熟，完全可以移植到电动农机上。

此外，农村已经具备农机电动化转型的条件。例如：现在农民的文化水平普遍提高，接受新事物的能力比祖辈强；农村家庭经济实力增强，完全可以承受农机电动化带来的成本增加；国家有相关政策支持。

目前我国农机电动化已经起步。农业农村部等有关部门相继出台政策，加快高污染农机的淘汰进度，推进农机电动化进程。

（王文蔚　王诚鹏）

25 我国农村地广人稀，为何也要节能减排

农村在我们心中就是山清水秀的好地方，那里地广人稀，空气清新，是休闲度假的好去处。但是，农村也免不了受到工业化的挑战，污染问题日益突出。因此，农村也要节能减排。

每到冬天，如何消除雾霾就会成为大家较为关注的问题。于是，各级政府努力采取种种措施，开展大

二、低碳社会，绿色发展

情景

冬日的清晨，张大伯带着孙子明明去城郊的一个山村。刚进入山区，明明就看到了白茫茫的浓雾，远处的山村若隐若现。明明大叫："我们进入童话世界了。"郭大爷也感叹道："和我小时候的山村差不多啊！"为了感受乡村的清新空气，明明摇下了车窗，结果他赶紧又摇上去了，原来那气味有点呛人。郭大爷也不禁有点失望地说："唉！毕竟时代不一样了。"

气环境治理。其中一个重要的难点，就是散煤的淘汰。所谓散煤，是指直接用于生产生活的燃煤。使用散煤是一种传统、低效、污染严重的用能方式，但在广大北方地区，冬季仍有大量家庭依靠燃煤取暖。一户家庭取暖用煤通常在1吨以上，聚沙成塔，山东及京津冀等地区的散煤用量每年可达到数千万吨，成为加剧雾霾的重要因素。

如果使用散煤的是企业，控制起来还相对比较容易。因为这些企业通常规模较小，工艺落后，对地方经济的贡献也不大，其中许多企业本来就在地方政府淘汰落后产能的黑名单上。散煤问题的难点在广大农村与集镇。替代散煤取暖的几条技术路线在乡村都会遇到阻力。

从技术上讲，替代直接燃煤采暖的办法有很多，如地源热泵、气源热泵、太阳能电池等，但在经济上能否为农户接受就另当别论了。一种能够让农户接受的能源升级方式必须满足两个条件。其一，采暖的综合成本不应显著高于原有的方式，或者说，新的采暖方式不会导致产品成本显著提高。否则，不堪重负的不仅仅是农户，城市居民也会受到不利影响。其二，一种新的采暖方式如果综合成本不高，但需要较大的一次性投入，部分农户也会打退堂鼓。遇到这种情况，政策上需要给予扶持，如提供低息或无息贷款。在实践中，最容易被广大农户接受的，还是开发并普及可以大幅度提高能效并降低烟尘排放的新型煤炉。北方的省级政府可以采取资助或奖励的方式推动此类炉具的开发，然后择优以政府补助的方式加以普及。

农村能源的另一个挑战与人口空心化有关。人口空心化会带来几个问题：一是人口总量和密度下降；二是进城的人口以青壮年为主，导致留在农村的人口多为中老年人，农村的老龄化程度远超城市；三是劳动力价格上升。由于劳动力人口不足和价格上升，一些曾经可行的能源利用方式会被人们抛弃。

典型的例子有两个。一是秸秆的无害化利用。由于劳动力价格上升，低价值的秸秆很容易被农民遗弃，或者一烧了之，为大气污染推波助澜。二是曾经被广泛普及的户用沼气。由于现在人口大量进城，而且以家庭为单位的散养猪也少了，导致家庭的人畜粪便很少，沼气池的产气效率大不如前；又由于沼气池内沼渣清理又脏又累，留守的中老年人无力承担。

我们应该理解，当前农村正在发生根本性的变化。传统农业社会中人们"面朝黄土背朝天"、以大量体力结合微薄资源的生产方式已经一去不复返了。要利用好庄稼秸秆和其他农村农业废弃物，唯一的出路是以资本和技术来替代简单劳动。

因此，与其简单粗暴地给农民扣上"缺乏环境意识"之类的帽子，不如想方设法让他们能够轻轻松松、干干净净地利用好这些低价值资源。不允许农民焚烧秸秆，政府和全社会就应该向他们提供可以高效、环保、省力地处理秸秆的设施设备。要继续推动废弃物的沼气化利用，也应该提供能够节省劳动力的相关技术或服务。

（戴星翼）

26 新能源汽车满街跑了，为何新能源飞机迟迟不见

情景

张大伯带着孙子明明在路边等候出租车，没几分钟，网约的出租车到了，明明一看，来的还是上绿牌的新能源汽车呢！一路风驰电掣抵达机场。安检之后，透过候机大楼的玻璃窗，明明第一次看到了静待起飞的飞机。看了一会儿，明明开始发问了："爷爷，这里有多少新能源飞机呢？"爷爷尴尬地说："好像都不是！"

近年来航空飞行排放的温室气体总量增长迅猛，民航业从昔日的明星行业逐渐成为备受诟病的环保"杀手"。在环保问题上持续承压已引起整个行业的焦虑不安。

民航业在全球温室气体排放总量中的占比貌似不高，为2%~3%，但其增长潜力惊人。据统计，一

些发展中国家航班数量正以每年10%的速度递增;而全球民航业温室气体排放量不断攀升,增速最高的年份达27%。

  面对不利形势,民航业正积极寻求应对之策,使用生物燃料被认为是扭转形势的重要手段之一。国际航空运输协会表示,此类燃料有望降低70%~80%的碳排放,而且他们更青睐于使用那些具有可持续性、不会对食品生产造成不利影响的生物燃料。

  生物燃料的来源多种多样,有的由废弃动物油脂或使用过的烹调油制成,而有些原材料则具争议性,比如棕榈油。棕榈油是从油棕树上的棕果中榨取出来的,用棕榈油制作生物燃料可能会毁坏林木。一些航空公司刻意回避采用棕榈油类的产品,但也有航空公司是棕榈油燃料的坚定支持者。

  即使采用更绿色环保的生物燃料,仍然有两大难题需要解决。首先是使用规模。2008年至今已有约22万架次航班采用了生物燃料,这一数字似乎非常庞大,但要知道,仅2019年一年的航班数量就有3 900万架次之多。目前,民航业燃料使用总量中生物燃料的占比仅为万分之一。国际航空运输协会称,2025年这一数值将有望上升到2%,但前提是各国政府需提供相应的激励措施。

居高不下的价格是另一难关。生物燃料的使用成本是化石燃料的3倍,并且未来几乎不可能在价格上做到和现有化石燃料平起平坐。可再生燃料的价格势必将比较昂贵,这是人们不得不接受的现实。

那么干脆像汽车业那样采用电气化方案是否可行呢?目前电动飞机的研发有所发展,但距离商业化量产还有相当长距离。比如:以色列一家公司研制的电动机型未来可搭载9名乘客;英国一家公司最新研发的一款产品可能开创纯电动飞机的飞行速度新纪录,但只有1个座位;该公司还计划在2022年推出一款与他人合作开发的9座电动版飞机。

这些公司之所以都选择从乘坐人数极其有限的小型电动飞机入手,一个主要考量就是电池的重量问题。与笨重的电池相比,为飞机燃气涡轮发动机提供动力的航空燃油的使用效率要高得多。而且,燃油在飞行途中会不断消耗掉,从而进一步减轻重量,提高效率。

小型电动飞机对民航业整体节能减排的作用微乎其微,但如果将纯电动方案运用到大飞机、长航线上,面临的挑战将非常艰巨。空中客车公司计划开展混合动力飞行试验，用电力发动机取代部分燃气涡轮发动机，以测试前者在高纬度低气压环境下，电压、温度以及放电等方面的性能。按照现有技术水平，纯电动飞机很难留出乘客的位置，因为有限的空间将被体积庞大的电池组耗尽。该公司表示，其有望于2035年推出使用氢能等技术的完全零排放飞机。

无论是纯电动飞机还是混合动力飞机，目前离我们都还很遥远。出于安全至上的原则，大型飞机制造商推出一款新机型可能需要耗费20年左右的时间。

（陶　颖）

27 温度超高的人造太阳，真的可以实现吗

面对能源危机，人类渴望寻求一种用之无限又清洁环保的战略能源来实现人类活动的可持续发展。20世纪中期，科学家开始研究如何利用可控核聚变能开发清洁的新能源。

核聚变虽然是一个理想的新能源，但实现起来非

常困难。太阳聚变反应条件为：温度达到1500万摄氏度，压强达到6000个标准大气压。由于实验装置上的压强比较低，要想达到核聚变反应，其核心温度更是需要达到上亿摄氏度才行。

我们知道，上亿摄氏度的超高温度可以使任何材料"灰飞烟灭"，所以科学家就想到了利用磁场来约束高温的等离子体，外面再用真空隔开，真空主要是起到隔热的作用。

磁场的建立通常需要上万安的电流，如果使用普通的铜导线，第一，导线只有横截面直径足够大，才不会被烧断；第二，大量的能量会损耗在导线上。为了解决这个问题，科学家又引入了超导技术。

目前，托卡马克（Tokamak的音译）是公认的性能最好的可控核聚变反应装置。托卡马克是一环形实验装置，外面缠绕着线圈，通电时其内部会产生强大的螺旋形磁场，从而约束聚变燃料构成的高温等离子体，创造聚变反应条件。它的名字Tokamak源自环形（toroidal）、真空室（kamera）、磁（magnet）、线圈（katushki）。

由我国科技工作者独立设计制造的EAST（即东方超环）是世界上第一个非圆截面全超导偏滤器托卡

马克装置——俗称"人造太阳"。EAST 高 11 米,直径 8 米,质量达 400 吨,是我国第四代核聚变实验装置。

EAST 同时具有上亿摄氏度的"超高温"、零下 200 多摄氏度的"超低温""超大电流""超强磁场""超高真空"等极限条件,成为我国核聚变研究的代表性实验装置之一。该项目于 1998 年立项,2005 年底建成,2007 年通过国家验收。

人造太阳产生核聚变能,温度和持续时间是关键。根据设计,EAST 产生等离子体最长时间可达 1 000 秒,温度将超过 5 000 万摄氏度。

在 EAST 实验过程中,我们首先需要建立一个强磁场、高真空的实验条件,通过电离击穿形成等离子体,进一步借助外部辅助加热,将等离子体加热至数千万摄氏度。

EAST 团队的工程技术人员解决了一系列科学和工程技术问题:等离子体形状的精确控制,有效的等离子体加热与电流驱动,长时间等离子体与壁强烈相互作用下粒子和热排出等,获得了百秒量级的高性能等离子体。

由欧洲联盟、美国、日本、俄罗斯、中国、韩国、印度七方共同承担的国际热核聚变实验堆(ITER)项

目,未来将在法国建成。EAST 是一个"缩小版本"的 ITER 装置,其研究成果将会给 ITER 提供科学和工程实验支持。

据专家估计,商业化的核聚变发电厂最早也要到 2050 年才会开始运行。这一天还非常遥远,科学家们还必须通过许多考验。如果核聚变发电能够研究成功,将对人类的能源供应产生最为深远的影响,它将成为人类有效利用核聚变能的重要一步,人类将真正拥有取之不尽用之不竭的清洁新能源。

(钱金平　肖炳甲)

拓展阅读

用激光点燃人造太阳

美国研究人员将用激光点燃一个人造太阳,它就是"美国国家点火装置",俗称"美国人造太阳"。从已完成的实验效果看,激光技术是目前最有效的手段。除激光外,利用超高温微波加热法,也可达到点燃核聚变的温度。

美国人造太阳耗资12亿美元,是世界上最大的激光点火装置,整个激光装置的大厅有215米长,120米宽,每次激光脉冲持续时间大约为十亿分之一秒,其瞬间最大输出功率为54 000亿千瓦,是美国所有电厂输出功率的500倍。

在激光点火装置内,一束红外线激光经过许多面透镜和凹面镜的折射和反射之后,将变成一束功率巨大的激光束。当激光束照射到聚变舱内部时,瞬间产生高能X射线,压缩燃料球芯块直至其外壳发生爆裂,从而产生巨大能量。

28 经济与环境双赢,小企业能做到吗

我国拥有数千万家小企业,但其平均寿命大约只有 3 年。上海的情况稍好,笔者的团队曾对 20 世纪 90 年代以后的上海制造业企业进行分析,结果是平均预期寿命不足 8 年。大量的小企业成了开开关关的"开关厂"。

我国的小企业如此短寿,原因众多,环保方面的影响是其中之一。需要指出的是,环保的正义性无可非议。如果一个企业确实对环境造成了损害,那么对其执法和处罚是必要的。一些企业通过污染环境来降低成本,以此求得生存,我们将这种现象称为"赚环境的钱",将人民的绿水青山换成自家的金山银山,这样的企业不要也罢。

有的产业不适合小企业进入,典型的就是化工产业,其基本特点之一是规模收益型(即企业的盈利水平与规模相关)。显然,在这样的产业中,小企业缺乏竞争力,通常也缺乏污染控制的技术和经济能力。因此,"小化工"的全面退出是必须的,类似的还有

所谓"十五小"企业（国家已经明令取缔关停的十五种重污染小企业）。

对于此外的无数家小企业而言，或不产生污染，或只产生轻度污染，或减轻污染上有很大潜力，我们有责任帮助其走出一条"环境与经济双赢"的道路。

设想一下，假定某个小企业存在一定的污染（不在重污染行业范畴内）。造成污染的可能原因有很多，或是工艺和设备落后，或是原料方面的问题，也有可能是由于管理不善、纪律松弛、员工技能水平低下而导致浪费和跑冒滴漏。在这些诸多的原因中，该企业可能只存在一两种，也可能多种原因并存。对此，企业也许有所觉悟，但也可能对存在的问题一向漠视。

对这种小企业，不能只是简单的执法和罚款，更不应该"杀无赦，斩立决"，而需要多方位地向它们提供帮助。政府可以倡导和激励企业对员工开展培训；可以要求不同的行业制定不同的基本管理流程，并鼓励企业针对自己的实际情况进行流程再造；可以引导企业如何以环境友好为导向，在内部开展合理化建议活动。所有这些措施在经济上都投入不多，但长远来看，对提升企业效益和减轻环境影响，都会有很大的好处。

至于该企业工艺、设备、产品的升级，或需要很大的资金投入，或需要从很多可能的路径中选择较为适合的一种，这样的任务超出了小企业的能力，因此有必要发展一些咨询机构，进入企业进行调研和诊断，帮助企业找出费用最省又能改善企业经营业绩和环境绩效的方案。政府在这些方面都可以有所作为。

无论如何，质量高且数量大的小企业群体不会从天而降，务必是政府和民众耐心善待的结果。

（戴星翼）

拓展阅读

日本的小企业

在日本400多万家的小企业中，"百年老店"就超过了2万家，主体部分是存在了几十年的小企业。这些小企业，工于一门手艺或一种产品，数十年如一日地精益求精，从而能稳定地占有某个极为细分的市场。

日本小企业的一个重要特点是稳定。虽然日本新兴领域的初创企业容易失败，但是传统制造领域的企业往往有着悠长的历史，依仗一技之长，发展一技之长。如此，企业不仅有技艺的传承，也有精神和文化的传递。这样的企业往往是家族企业，而以往我们对家族企业的负面看法或许只是一种偏见。

29 远程输电为什么要采用特高压技术

电能是一个国家经济、国防和民生的物质基础。由于发电厂大都建在离用户很远的地方，所以电厂的电能要送达用户端，不仅要使用由架空线、电缆等构成的输电网，而且还要考虑输电过程中电能的损耗。于是，输电技术成为输电网一项必不可少的关键技术。

2008年，我国自主研发、设计和建设的具有自主知识产权的1000千伏交流输变电工程（晋东南—南阳—荆门）竣工，这是我国第一条特高压交流输电线路，从此开创了我国远距离、大容量、低损耗的特高压输电核心技术。

特高压输电技术是指用 1000 千伏及以上的交流电压或用 ±800 千伏及以上的直流电压输送电能的技术。特高压输电技术是在超高压输电技术基础上发展起来的，它是目前世界上最先进的输电技术。

我们知道，输电电压越高，在远距离输电线上的损耗就越少，各方面的经济效能也越高。这能够给人口稠密、土地资源宝贵或路径选择困难的国家和地区带来重大的经济和社会效益。

特高压输电的优点是输送容量大、送电距离长、线路损耗低、占用土地少。有专家这样比喻：超高压输电线路是"电力省级公路"，顶多就算是"电力国道"，而特高压输电线路是"电力高速公路"。

建设特高压电网还有很多好处：一是能把中国电网紧密地连接起来，使建在不同地点的不同发电厂互相支援和补充；二是能促进西部煤炭资源、水力资源的集约化开发，降低发电成本；三是能保证中东部地区不断增长的电力需求，减少在人口密集、经济发达地区建火电厂所带来的环境污染；四是能促进西部资源密集、经济欠发达地区的经济社会和谐发展。

特高压输电技术解决了我国电力跨区域远距离输送的难题，为大规模开发西部可再生能源创造了条件，是我国能源革命的标志性技术成果和我国先进生产力发展的重大突破。

特高压输电技术是世界能源输送的重要变革，是我国对世界工业做出的重大贡献。中国在特高压输电技术突破和工程建设方面所取得的成就得到国际社会的认可。俄罗斯、印度等国将特高压输电作为能源电力发展的重要方向，并积极寻求与中国的技术合作。

几十年来，中国远距离输电技术突飞猛进，不仅在输电技术上实现了从高压到超高压、从超高压到特高压的飞跃，而且中国电力技术和设备已经开始输出到国外，实现了中国创造和中国引领。

（王令朝）

30 植物工厂集中生产作物，可行吗

"万物生长靠太阳"，地球上的植物通过光合作用利用太阳能合成有机物，为人类提供食物。一种新型产业形态——植物工厂的出现，打破了这一规律。

植物工厂是在完全密闭或半密闭条件下，通过高精度环境控制，实现作物在垂直立体空间上有计划性生产的高效农业系统。由于植物工厂充分运用现代工业、生物工程与信息技术等手段，技术高度密集，多年来一直被国际公认为设施农业的最高发展阶段，是衡量一个国家农业高技术水平最重要标志之一，受到世界各国的高度重视。

植物工厂一词最早由日本专业学会和媒体使用，随后逐渐被中国和韩国等亚洲国家采用。2009年之后，"植物工厂"的概念开始被欧美一些国家接受并采用，目前植物工厂已经成为约定俗成的专业名词。

与传统植物生产方式（露地、大棚或温室）相比，植物工厂具有几项明显优势：环境（光照、温度、湿度、二氧化碳浓度以及根际营养等）完全控制，不受或者很少受外界自然条件的制约，可实现按计划均衡生产、稳定供给；单位土地资源利用率高，垂直空间立体栽培可使单位面积产量达到露地生产的几十倍甚至上百倍；不施农药，不存在土壤重金属污染，产品洁净安全；操作省力，机械化、自动化程度高，工作环境相对舒适，可吸引年轻一代务农；不受土地的约束，可在非耕地上进行生产；可在城市周边或城区内，

二、低碳社会，绿色发展

实现就近产销，大大缩短产地到市场的运输距离，降低物流成本和碳排放。

基于以上独特优势，植物工厂被认为是未来世界解决人口增长、资源紧缺以及新时代劳动力不足等引起食物安全问题的重要途径，同时也是国防、空间站以及外星基地等特殊场所新鲜食物补给的重要手段。

近年来，营养液栽培技术的不断进步为植物工厂安全清洁生产提供了可能，为植物工厂发展提供了重要技术支撑。LED 的出现使植物光环境精准调控成为可能，管理人员可以根据植物生长和营养品质需求进行调控。LED 属于冷光源，发热量少，使多层立体栽培、近距离照射成为可能，降低了人工光植物工厂的制冷负荷，减少了运行成本。

植物工厂作为环境高度可控的生产系统，利用物联网技术，将环境因子传感器和植物信息传感器的各种感知信号，通过无线或有线通信网络与物联网连接起来实现互联互通，以实现对植物工厂温度、湿度、二氧化碳浓度、光照、气流以及营养液参数等环境因子的实时在线监测、远程控制和智能化管理。智能控制技术的快速发展为植物工厂实现机械化作业与自动化管控提供了可能。

植物工厂是在环境完全可控的人工条件下进行生产的，与露地、温室生长环境相差比较大，作物品种需要适应弱光、小温差、较高二氧化碳浓度以及营养要素均衡供给的栽培环境，才能获得较高的资源效率和经济效益。

到目前为止，植物工厂所栽培的作物品种基本来自露地或温室使用的种子，缺乏专门针对植物工厂特定需求作物品种。因此，未来植物工厂必须选育出特定环境下的专用品种，尤其是那些光合效率高、营养丰富、口感好甚至具有保健功能的作物新品种，以便更好地支撑植物工厂产业发展。

（郑胤建　王　峥　杨其长　黄　涛）

拓展阅读

日本的蔬菜工厂

日本一家蔬菜工厂向大众部分开放，让大众观看他们在无菌无尘的车间里如何种植蔬菜。那些蔬菜在与外界隔离的无尘无菌温室内生长，多个智能仪表控制着温室内的温度、湿度、光照量和营养液。因此，这些蔬菜不会长虫或染上病毒，不需要喷洒农药，能够有效地保障蔬菜的营养和安全。

为了保证蔬菜有一个干净的生长环境，人们在参观这家工厂的过程中不能进入无尘室，只能隔窗观望。无尘室的宽敞超出了人们的想象，高5.5米的格架上层叠了10层植物培养槽。为此，确认高处的蔬菜的生长状况和收获时，就需要使用叉车。

　　这家工厂种植的蔬菜不受季节和天气影响，产量稳定。工厂目前种植的蔬菜品种有绿叶菜、生菜、莴苣等8种。从播种到供货的时间，因蔬菜种类而异，只需要在室外种植同种蔬菜所需时间的1/2左右。

享低碳未来

"60岁开始读"科普教育丛书

三

低碳生活，人人可享

31 积极参与植树造林，为减少碳排放出力

情景

张大伯带着孙子明明在人行道上散步，他们看到一些汽车的车身上贴有一个不太常见的圆形标签。可惜那些车子开得较快，爷孙俩都看不清那是个啥标签。走到一个路口，明明终于看清了一辆正在等红灯的轿车上贴的那个标签。标签上有三行汉字，最上面写的是"中国绿色碳汇基金会"，接下来是"植树造林吸收二氧化碳"，最下面是"参与碳补偿，消除碳足迹"。张大伯拿出手机一查，原来这个标签是"碳补偿"标志。这个标志代表车主捐资购买"碳补偿"额度，也就是说，该车一年行驶所排放的二氧化碳，已经通过捐资造林吸收了一部分。

造林不仅能够保护生态环境，还能汇集二氧化碳，为地球降温。这就是"林业碳汇"，是碳排放权交易的重要方式。

碳汇对于老百姓来说，有点陌生。其实，早在1992年，它就已经出现在《联合国气候变化框架公约》之中。它的定义为：从大气中清除二氧化碳的过程、活动或机制。碳汇的本质即为"汇"碳，也就是把二氧化碳汇集、贮存并固定下来，最终降低大气中的二氧化碳浓度。

众所周知，森林是地球之"肺"，是陆地生态系统的主体。森林不仅具有经济价值和社会价值，还有更为重要的涵养水源、保持水土、防风固沙、释氧固碳等生态价值，所以，植树造林一直为我们所倡导。现在，碳汇赋予造林新的内涵——吸收二氧化碳，为地球降温。根据中国科学院植物研究所方精云院士的研究，我国单位面积森林吸收固定二氧化碳的能力，已由20世纪80年代的每公顷吸收固定136.42吨二氧化碳增加到21世纪初的每公顷150.47吨。

森林的生态效益是一个公共物品。《京都议定书》的生效，使得碳汇在满足一定的条件下，可以作为一种碳信用指标进行交易。碳汇要作为商品在市场上交易,最基础的是产权要明晰、要有额外性、要避免碳泄漏等。所以,科学计量、监测从而确定碳汇林能吸收多少二氧化碳,是进行碳汇交易的非常重要的前提条件。

如何计量碳汇?根据排放权交易的规则,进入交易的碳汇应该是净吸收量。就是要减掉森林的采伐、征占用林地以及森林火灾和病虫害造成的森林损失。所有这些森林损失造成的森林面积的减少,都造成碳排放。所以,在计量时,要将全国森林每年生长所吸收的碳,减掉因为森林损失造成的排放的碳,所得的净吸收才是全国的碳汇。

2006年,我国成功实施了全球第一个清洁发展机制的林业碳汇项目——广西珠江流域再造林项目。该项目通过以混交方式栽植马尾松、枫香、木荷等树木,吸收大量二氧化碳。由世界银行生物碳基金出资200万美元,按照4.35美元/吨的价格,在15年内购买48万吨所吸收的二氧化碳。

中国绿色碳汇基金会是我国首家以增汇减排为主要目标的全国性公募基金会,是一个帮助企业"捐资造林、低成本减排、提前储存碳信用"的平台。同时也是我国通过林业措施"消除碳足迹",开展"碳中和"活动的较权威和专业的公益机构。

中国绿色碳汇基金会造林项目产生的每一吨碳汇，都对应一片树林，而且每一吨碳汇都包含了促进农民增收、保护生物多样性、改善环境等内涵，有着多重效益。看不见的碳汇集于有形的林，有形的林吸收二氧化碳，为减缓气候变暖、拯救地球家园做贡献。

（李怒云）

32 为什么要对生活垃圾做好源头分类

在我国，对城市生活垃圾实施"源头分类"，即在家庭或办公室实施最基本的垃圾分类。城市生活垃圾，不仅包括市民在日常生活中产生或为城市日常生活提供服务而产生的固体废弃物，还包括法律行政法规规定的、被视为城市生活垃圾的固体废弃物如建筑垃圾和渣土等（不包括工业固体废弃物和危险废弃物）。

目前，我国各地对生活垃圾分类还没有统一的标准。在上海，生活垃圾按照可回收物、有害垃圾、湿

情景

娜娜在客厅里吃橘子,随手就将果皮扔到了旁边的垃圾桶里。郭大爷看到后帮她将果皮拣了出来,放在一个小盘子里。娜娜说:"爷爷,你要留着果皮煲汤吗?"郭大爷说:"娜娜,垃圾分类都实施好几年了。你怎么总是不注意呢?客厅这个垃圾桶只是用来丢干垃圾的。果皮你先搜集起来,一起丢到餐厅的湿垃圾桶里去。"娜娜顿时脸红了:"爷爷,我今后一定改正,做好垃圾分类的事情。"

垃圾、干垃圾标准分类。可回收物指废纸、废塑料、废玻璃制品、废金属、废织物等适宜回收、可循环利用的生活废弃物。有害垃圾指废电池、废灯管、废药品、废油漆及其容器等对人体健康或者自然环境造成直接或者潜在危害的生活废弃物。湿垃圾即易腐垃圾,指食材废料、剩菜剩饭、过期食品、瓜皮果核、花卉绿植、中药药渣等易腐的生物质生活废弃物。干垃圾即其他垃圾,指除可回收物、有害垃圾、湿垃圾以外

的其他生活废弃物。

随着我国城市人口增长及居民消费水平的提高,城市生活垃圾最终处置的数量持续增加。如果不实施垃圾分类,结果将是垃圾填埋场、焚烧厂围城,社会代价巨大,环境健康风险剧增。生活垃圾填埋、焚烧,都存在巨大的环境健康风险。

在填埋处置中,存在着重金属和有机化合物等水污染物渗漏的风险,以及空气污染风险等,因此需要继续增加成本,才能降低风险。焚烧处理垃圾产生的烟气，虽然通过处理间得到一定程度的净化，但是仍然需要熔融固化处理。此外，焚烧厂还有渗沥液等水污染的处理，焚烧炉底灰也需要安全处置。风险最大的仍然是焚烧废气中的二噁英类、呋喃类、汞等空气污染物，即使达标排放，其作为持久性有毒有机物也会长期通过各种暴露途径进入人体，造成严重的健康损失。

　　合理的生活垃圾管理模式包括源头分类、资源回收利用、焚烧和填埋处置。我国台湾地区较早实施垃圾分类，从1997年就开始推动"资源回收四合一计划"，结合小区民众、回收商、地方政府、回收基金四位一体，实施资源回收、垃圾减量工作，并鼓励全民参与。由小区民众自发成立回收组织，将资源物质与家户产生的一般垃圾妥善分类，再经由回收点、地方清洁队或民间回收商，将资源物质与垃圾分开收集，并利用基金补助地方清洁队，以及补贴回收处理商，从而建立了完整的资源回收体系，将资源物质有效回收再利用。

（宋国君　刘何靖）

33 垃圾"淘宝",哪些材料值得回收

情景

张大伯带着孙子明明一起去小区的垃圾站扔垃圾。明明看到4种垃圾投递口,其中一个是"可回收垃圾"。明明问:"爷爷,我记得一本书上讲垃圾是放错地方的宝贝,那为啥不是将所有垃圾都进行回收呢?"张大伯一下被难住了,他立即给熟悉这个事情的李大爷打了个电话。李大爷说:"我们处理垃圾既要考虑环境问题,又要考虑经济问题,所以要对垃圾进行分类处理。"

一直以来,回收被公认为是一件好事。甚至对于许多人来说,这已经成为一种生活方式,被看作是人类维持自身发展的智慧。自20世纪70年代以来,全球的垃圾回收利用率一直在稳步上升,特别在德国、

荷兰和美国加利福尼亚州等国家和地区，有一半以上的生活垃圾都是回收利用的。但如今，这些曾经的智慧正在受到众多的质疑。

如果仅从环境角度来考虑，那么所有的材料都值得回收，如此可减少采矿和原材料冶炼过程中耗费的大量能源。当然，对不同的材料来说，节省能源的程度差别很大。比如，回收玻璃这样的大宗产品，一般只能节省很少的能源，而且似乎对减少温室气体排放的效果有限，那就不如直接利用原材料制造玻璃。

如果综合经济角度来考虑，问题就变得复杂了。再生材料价格波动大，有些材料的回收可能根本就不合算，特别是需要经过长途运输才能到再生工厂的材料。比如塑料，如果再生工厂是在遥远的其他国家，那么工厂位置是否靠近海港就决定了塑料回收是否有利润。其他一些低价值的材料（木材和纺织品），如果需要清洁才能回收利用，那么还需要额外的劳动力成本，因此，这些材料最终可能会直接被填埋。

如果回收的是可以提供稀有资源的材料——金属，那么是否值得回收且可行呢？从理论上说，金属是可无限回收的。但实际上，由于社会行为、产品设计、回收技术以及分离中热力学问题的限制，往往回收利用率很低，甚至零回收率。

联合国专家小组确定并量化的 60 种元素形成的物质中，常用的金属（如铁、铝、铜、铅、锌、镍等）的报废回收率高于 50%。这些常见金属以相对纯净的形式出现，可直接回炉重新熔化。而且，利用它们制作的产品，寿命一般较长，通常会持续几十年。更重要的是，世界各国都建立了针对常见金属回收的基础设施。

特种金属一般被用于现代高科技产品，如发光材料、高强度磁体、薄膜太阳能电池和计算机芯片，可提高产品的性能。但是，特种金属很少能回收。一方面是因为在这类产品中，各种材料高度混杂，特种金属很难被分离出；另一方面是因为产品中的特种金属含量少，经济上不合算，以至于很少有人做出这方面的尝试。

自 20 世纪 90 年代中期以来，电子垃圾（也称电子废弃物）被认为是固体垃圾中发展最快的部分。目前，小型消费电子产品（如手机），几乎无处不在。由于缺乏足够的回收利用政策，这些体积小、寿命短的产品，通常因回收成本高而被随意丢弃，对环境和公共健康造成了不利的影响。

目前，对废弃的电子产品进行大规模的手工拆卸，对于工业化国家通常在经济上不可行，但是在印度等新兴经济体中可能有优势。因此，为了应对全球电子垃圾的挑战，必须进行政策研究，以促使消费者乐意回收。

作为一个全球性社会，我们应该设计具有优化回收利用的产品，利用变革性技术使整个过程成为典范，这将帮助未来的科学家能够充分利用整个元素周期表，从而为社会提供创新、卓越的产品。

（赵　斌）

34 垃圾填埋场是怎么变成生态绿地的

客观上说，在没有更为先进的低成本垃圾处理技术突破以前，国家对垃圾处理无法进行更高地投入，而"混填混烧"方式恰恰是顺应了当时国民经济水平的粗放办法，是以"空间换时间"的让渡办法，这些

三、低碳生活，人人可享

> **情景**
>
> 　　郭大爷带着孙女娜娜前往家附近新建的公园。郭大爷说："那座公园所在的地方原来是个垃圾填埋场。"娜娜一听垃圾填埋场，转身就要往家走。娜娜说："我不要去臭臭的地方。"郭大爷拉住孙女说："你就陪我去一次吧，如果不好，下次就不去了。"娜娜嘟着嘴，陪着爷爷去了公园，结果发现里面鸟语花香，并没有丝毫想象中的臭味。公园的志愿者说："我们城市已经清理了多个垃圾填埋场，对它们都经过了无害化处理，不会对我们的身体造成伤害。相反，逛公园有益身心健康。"

模式在一定时期内缓解了垃圾与环境、资源、生态之间的矛盾。

　　随着我国垃圾分类制度的普遍推行和土壤、流域、大气治理的深入贯彻，不仅"混填混烧"模式需要更新迭代，以符合生态文明与两碳建设的要求，而且以往对生态环境造成的历史影响需要逐步修复。例如，因江河湖泊流域治理的要求，不仅垃圾填埋这种模式受到越来越多的限制，很多地方甚至需要将陈腐垃圾挖出来进行环境整治。

随着垃圾分类的进一步实施，原来的垃圾混烧模式必须进行升级改造，转化成仅将细分干垃圾进行"蓝色焚烧"的模式，或者直接转化成更好的碳化裂解模式。这样，改革开放以来我国建成的数千座垃圾填埋场、数百座垃圾焚烧厂或易腐垃圾处理厂，难免成为碳中和的历史包袱。只有在新突破的技术模式下，将它们变成废弃资源矿产转化载体，才能变"历史包袱"为"历史遗产"。

地球上的生物质演变有三类典型现象：森林大火等自然灾害，地表生物圈的微生物厌氧/好氧发酵，地壳运动将生物质深埋演变成化石能源。道法自然，大自然生物质演变的原理对人类有很好的启示，我们应该遵循自然演变之路去寻找垃圾处理的应有出路。

经过多年思考实践，中国环境生态学者总结提出了垃圾分类综合体模式：垃圾分类综合体＝垃圾机械分类＋湿垃圾联合发酵＋干垃圾碳化裂解。因为该模式与生物质自然演化原理是如此地契合，因此其一定是未来垃圾处理的应有路线，未来较长时期内，垃圾甚或固废的处理技术将会是对该路线的不断升级迭代。

可见,垃圾分类综合体通过理论与实践的双向突破,以处理废弃物、改善生态的初始目标,生产出了生物质能源与生物有机肥,实现了低碳循环和生命健康,达到了"净零排放全资源化"的理想效果,从工业文明重新回到生态文明。

(徐拥军 俞海峰)

35 在线视频越来越多,如何才能减少能耗

在线视频播放服务的日益流行,让人们的收视习惯从以往的定时定点守候,发展为一机在手随时随地想看就看。目前全球各类在线视频播放平台的订阅用户已有6亿多人,提供在线视频播放服务的企业不胜枚举。

蓬勃发展的在线视频播放服务让热衷追剧的人大呼过瘾,但这对环境保护来说可不是好事。据估算,在线视频播放每年可排放温室气体3亿吨二氧化碳当量,预计排放量还会攀升。

> **情景**
>
> 张大伯感觉有好长时间没有和老朋友聚餐了,于是邀请李大爷、郭大爷到餐馆小聚。点餐结束后,三人发现餐馆气氛好像有些奇怪,似乎没有以前热闹了。可是差不多都坐满了顾客,为何感觉太安静了呢?似乎整个餐馆里只有他们三人在聊天。他们仔细一观察,发现其他顾客都盯着手机看,一些顾客一边看手机,一边等着上菜;另外一些顾客居然边看手机边吃饭。

传统电视节目的播放是通过发射设备将信号直接传输至广大电视观众,虽然这一过程同样需要消耗大量能源,但实现的是一对多的传输;而视频在线播放与下载是一对一传输,涉及的设备更多,消耗的能源也更多。

当你在线刷视频时,请求会被发送至布满服务器的数据中心,数据中心传回的视频文件先抵达你家的无线路由器,然后被发送至电视盒子等接收终端。如果你追剧用的是手机,那么视频文件将通过移动互联网进行传输。

有报告称,2016年全球观看国外某网站视频所产生的温室气体总计约为1000万吨二氧化碳当量,与卢森堡整个国家的排放量相当。其中移动数据的传输占据了大头,因为向手机等设备的无线传输比有线传输耗能更多。有4%的温室气体排放来自各种数字技术,其中终端设备是最大的排放源,数据处理中心紧随其后。全球总排放量中有1%可归咎为在线视频播放,其中尤以提供影视服务的平台"贡献"最大。

如何才能让在线视频播放技术更加环保呢?使用可再生能源是解决方案之一。从已有风能或太阳能发电厂直接采购可再生能源当然可以,但效果有限。更重要的是,行业内公司要积极创造新的可再生能源增长点以应对自身日益增长的能源需求。

人们应当认识到,产能有限的可再生能源根本满足不了全球日益增长的能源需求,而且建造新的太阳能、风能发电厂本身也会产生碳排放。此外,在线视频播放服务需要数据中心提供后台支持,大量服务器的制造与更新换代同样会带来环境问题。因此有环保机构提出"数字节制"的理念,号召个人与企业采取各种节能措施，比如关闭视频的自动播放功能、少看高清视频等。

值得注意的是，许多在线视频播放公司并没有将节能减排放在优先考虑的位置，而是更关心视频的内容与传输质量。其实有时只要一个小小的举措就可以产生立竿见影的环保效果。比如，给视频添加关闭画面只听声音的功能以供用户选择，一年就可以减少多达数十吨的碳排放。

2019年，谷歌公司推出了视频游戏在线服务平台。游戏将会在数据中心的服务器上运行，玩家无须购买电脑或游戏主机，只要一个无线控制器和一个蓝牙适配器和电视搭配使用，就可以在线畅玩各种高端视频游戏。

由于需要进行图像处理，玩视频游戏通常会比观看视频消耗更多能源。有人担心，这种在线游戏将导致能耗飙升，造成大量碳排放。如果人们通过5G网等移动网络玩游戏，的确会造成碳排放的上升。不过，在线游戏将数据处理集中到了云端服务器，减少了大量家用终端设备的待机能耗，这对于提高能源使用效率具有积极的意义。

（陶　颖）

36 石油资源不断减少,其他燃油可以再生吗

情景

爷爷张大伯带着孙子明明去乡下女儿家。明明好奇地发现姑姑家用的是土灶,所用的燃料是柴火。用土灶做出来的饭被称为"柴火饭",的确有一股特殊的香味。明明突发奇想:"爷爷,咱家的汽车是不是也可以用柴火来驱动呢?"郭大爷说:"那可不行。不过我看电视新闻曾经说,有的汽车正在用生物燃油,那是从植物中提取的。"

汽车消耗的燃油可以种植出来。你是不是觉得有些不可思议?其实,现在已经有一些汽车甚至飞机都用上了种植出来的燃油,这种油被称为"生物燃油"。而且,生长生物燃油的是那些我们一度被认为是污染物的藻类。

自古以来，人们就知道利用植物做燃料。然而，我们现在见到植物燃料的机会越来越少，因为植物因燃烧产生的烟尘污染大而被人们所嫌弃。近年来，人们重新认识到植物燃料的重要性，因为植物其实是一种可再生能源，它燃烧后的二氧化碳可以被其他植物重新吸收。

在所有植物燃料中，植物油因为运输和储存方便而更受重视。因此，各国发展生物燃料的重点又是发展生物燃油。大豆、花生、油菜籽、茶籽、葵花籽、玉米等，都是我们所熟知的产油原料。

近年来科学家发现，我们曾经比较讨厌的藻类生物也是一种重要的产油原料。然而，在能源领域，藻类并不令人讨厌，而且成了世界生物燃料领域的"香饽饽"。藻类所产的油虽然不能食用，但是可以驱动汽车、轮船、飞机和工厂里的机器。

研究人员发现，藻类是一种含油量很高的植物，其产油量比玉米还高。无论玉米还是大豆，一年都只能收获一次，而藻类每天都有收获。而且，藻类对生长领地并不挑剔，它们在哪儿都能找到自己的家。

尽管藻类含油量高，但是大部分藻类的产油量不超过自身重量的10%，因此科学家希望培育出产油量更高的藻类，一种方法是寻找天然产油量就很高的油藻种类，另外一种方法是借助基因工程获得油藻。

美国科学家正在培育一种转基因油藻，其产油量将超过自重的40%。科学家表示，转基因油藻培育成功之后，可以推广到城市种植。那时，人人都可以在家"种植汽油"。人们可以在自家的花园、阳台或屋顶种植转基因油藻，定期会有人上门收购。

研究藻类的专家长期以来默默无闻，由于生物燃料的研究近来受到大家的普遍关注。美国科学家艾萨克经常接待粉丝和记者的来访，因为他培育出一种可以装在塑料袋里的转基因油藻，它们可以吸收从发电厂大烟囱里冒出来的二氧化碳。

近年来，我国在油藻研究方面也获得了不少成果。比如，清华大学生物技术研究所缪晓玲教授等通过异养转化细胞工程技术，获得含油量高达细胞干重55%的异养小球藻细胞。山东海洋工程研究院的研究人员李乃胜等人培育出了富油微藻，最高含油量已达到68%，并在此基础上制取生物柴油。

培育油藻的好处不只是为能源领域提供燃油，还有其他一些环保功能。比如，油藻的生长需要吸收二氧化碳等温室气体，可以为遏制气候变暖作贡献。对环境友好的藻类燃油,在国际上掀起了一股势不可挡的藻类能源开发热潮。

科学家表示,未来新能源的种类丰富多彩。人工培育的藻类,将成为石油的替代能源之一。我们相信,随着藻类制油技术的不断成熟,藻类很快将成为城市绿色能源中的重要成员。当然,藻类也可以在广阔的乡村中找到它们的用武之地。

（杨先碧　徐　娜）

37 改变囤物习惯,减少资源浪费

研究发现,生活中有相当数量的人着迷于收集各种物品,一些人甚至囤积物品成瘾,即便自己的家被塞得满满当当,几乎无下脚之地,也不愿意丢弃任何一件东西。在精神科专家看来,这种行为已不能简单归咎为不善理家,而是一种被称为囤积症的病态表现。

三、低碳生活，人人可享

情景

李大爷的儿子大壮新买了一套大房子，邀请李大爷和老伴搬过去一起居住。周末，李大爷开始收拾老房子，结果整理出了不少几十年都没有用过的一些物品，还有一些用过几次就闲置的物品。李大爷准备将这些东西扔掉了，老伴十分舍不得，还想将它们搬到新家去。李大壮闻讯赶来，发现那些物品搬过去真是没啥用，最终劝说老太太将那些物品捐了出去。

人类爱囤积物品的天性不仅会给日常生活带来困扰，也会造成大量的资源浪费，引发严重的环保问题。借助科技的力量能使情况得到改善吗？答案是肯定的。

延长物品的使用寿命是减少浪费的妙招之一。不少人都曾遇到这样的情况：用了没多久的电子产品拿去维修，却被告知某个零件损坏但无法修理更换，只能再买台新的。因为某个零部件损坏而不得不扔掉整台设备，无疑会造成严重浪费。

为此，荷兰研究人员设计了一种模块化手机。这种手机的所有零部件，从屏幕到摄像头、处理器等都被设计成独立的模块，可以像搭积木那样方便地替换或移除。

另一种延长物品使用寿命的方法是采用自我修复材料。

比如，一家公司推出的手机采用了一种聚合物薄膜，可自我修复一些细小的表面划痕。美国斯坦福大学的研究人员将自我修复材料运用于充电电池。随着充电次数增多，普通充电电池内的硅阳极会碎裂。研究人员用一种聚合物包裹硅阳极，可以使裂缝自我愈合。研究团队表示，今后自我修复材料将使植入衣物等日常用品中的电子设备拥有更长的使用寿命。

此外，随用随打的 3D 打印技术也为人们提供了一种获取物品的新途径。一些模块化产品甚至可利用这一技术让用户在家自行完成零部件的更换和修理。3D 打印不仅有助于延长物品的使用寿命，同时可减少因运输产生的环保成本。

近年来，数字媒体的崛起带来的巨大变化引人注目。这项技术让人们在将唱片、图书等物品搬回家之前有了新的选择。由于能满足人们不同的收听需求，唱片与数字音乐对消费者来说具有同样的吸引力。你可以在外出跑步时聆听储存在手机中的歌曲，也可以在家中安静地欣赏一张唱片。

数字音乐的出现使许多人在购买唱片时多考虑自己的实际需要，不再盲目消费。在图书领域也有相似的情况。电子书和纸质书这两种不同的图书形式为读者提供了更多选择，使人们在购买纸质书时更为理性谨慎。

未来，没用却舍不得丢弃的"囤积物"会越来越少，我们的环境会更清洁、更环保。

（涛　音）

拓展阅读

共享理念改变生活

随着共享理念的兴起，数字化虚拟世界为提高实物的利用效率打开了方便之门。在英国，数千万人通过各种在线服务，实现了食物共享、上下班拼车以及二手物品交易。一些城市，比如荷兰阿姆斯特丹，通过立法鼓励民众向游客提供自家住房的在线出租服务。共享是否会削弱人与物之间的情感联系？研究发现不会。一些有故事的旧物不仅不令人反感，反而会激起人们的情感共鸣。

一支英国科研小组在一家售卖二手物品的慈善商店开展了一项实验。他们将店内出售的物品贴上二维码，人们只要扫描一下就可以了解相关物品的历史。结果发现，此举极大地促进了销售——二手物品背后的故事有助于激发人们的购买欲。比如，有人会心存感动地买下一只看上去很破旧的玩具熊，因为它是一件幸运玩偶，曾帮助自己的主人成功通过考试。

38 剩饭剩菜也能发电

情景

"我吃的每一口饭,都会在体内燃烧。"娜娜一边吃饭,一边哼唱着自己编写的歌曲。妈妈在一旁嗔怪道:"吃饭都堵不住你的嘴啊!"爸爸虽然不支持娜娜吃饭时唱歌,不过却称赞她的歌词很有道理。吃完饭,爸爸负责洗碗,扔了一些剩饭剩菜到湿垃圾桶中。娜娜看到后又唱上了:"你扔掉的那些饭菜,将照亮我回家的路。"

利用垃圾发电是一个全球化的趋势。目前,常规的垃圾发电方法是利用垃圾中的可燃物进行焚烧发电。对于比重很大的剩饭剩菜等湿垃圾,难以进行焚烧发电。

但是,这些垃圾中的有机物很多,是一个潜在的能量宝库,浪费了有些可惜。因此,一些国家开始修建专门利用湿垃圾的发电厂,为垃圾发电开辟了新的思路。

在我国,人们生活垃圾中湿垃圾的比重很大,而且和其他垃圾混在一起,加大了垃圾处理的难度。每年夏天,一些垃圾处理场和填埋场附近臭味熏天,令附近的居民怨声载道。而臭气的来源,则主要是富含各种有机物的湿垃圾。

在不少国家,如何处理湿垃圾是一个令人头痛的问题。

目前,各个国家处理湿垃圾的主要方法还是填埋。然而,这种处理方法对环境的负面影响很大,不仅破坏了地表的植被和空气,而且会污染垃圾场附近的土壤和水源,因为湿垃圾中的液体会渗透到土壤中去,并逐步渗入到附近的水源,或者随着雨水进入附近的水源。湿垃圾中还含有大量微生物,成了病菌、病毒、害虫等的滋生地和繁殖地。

为了解决湿垃圾的污染问题,人们尝试修建湿垃圾发电厂,进行全封闭地利用湿垃圾发电。2018年,浙江省杭州市萧山区将湿垃圾处理后产生沼气近700万立方米,发电900多万度。

利用湿垃圾发电的原理其实比较简单,如同一些地区的农村利用沼气作燃料。发电厂的主体部分是一个个巨大的发酵罐，如同农村的沼气坑，也如同一个巨型牛胃，湿垃圾就是在这里被消化。湿垃圾被源源不断地输送到这些发酵罐中，并加入适量的水对这些垃圾进行混合，令垃圾成为流体状。湿垃圾在进入发酵罐之前需要进行高温消毒，以免其中的病菌或其他外来微生物危害发酵罐中的微生物。

发酵罐中大量的微生物，主要是甲烷细菌，不断吞食湿垃圾中的有机物，并排放出可以燃烧的甲烷气体，这就是我们熟知的沼气。

发酵罐产生的这些甲烷气体热值很大，可燃性很好，可以直接用于燃烧发电，也可以直接输送给其他工厂作为燃气。

尽管发酵罐中的微生物卖力地工作着，但是它们还是不能吞食垃圾中所有的有机物。一些不能被微生物消化的有机物就慢慢沉淀在发酵罐中，成为淤泥。别小看这些淤泥，它们仍然富含不少营养物质，经过无害化处理后，可以用作有机肥料。

拓展阅读

安全的湿垃圾发电厂

由于湿垃圾并非送到发电厂就进入密封的发酵罐中,还得先到储存池里等候。因此,还是免不了有臭气散发出去。研究人员希望进一步改进工艺和扩大规模,让湿垃圾可以及时进入发酵罐。不过即使加以改进,湿垃圾发电厂终归还是一个散发异味的地方。

因此,湿垃圾发电厂一般会远离居民区,一般建在离居民区3千米以外的地方。而且,厂房周围种植茂密的树林,从外面根本看不出里面是一个垃圾发电厂。这样不但可以减少异味的散发,也不会让人们看到这个地方而产生心理上的不适感。

(杨先碧　徐　娜)

39 种点植物，让家里变得更凉爽

情景

看到李大爷在露台上打理他的那些花花草草，孙子齐齐不禁念出了新学的一句古诗："苔痕上阶绿，草色入帘青。"李大爷夸赞齐齐念的这句诗很应景。齐齐问他："你天天忙活这些花花草草干啥呢？"李大爷说："别小看这些花花草草，它们除了可让我们身心愉悦外，还可以让我们家变得更凉爽呢！"

家里多一抹绿色，便能增添几许生机。如今，不少人都会在室内或阳台上种些花花草草。这么做不仅可以美化环境，陶冶性情，还可以影响人的身体健康。不过，室内和阳台都有自己的"小气候"，想要种好花草可不能忽视这一点。

与室内环境相比,阳台具有空间小、通风好、空气干燥等特点。同时,由于所处位置和朝向不同,每个阳台的光照和气温条件也各不相同——拥有自己的小气候。因此,在阳台上种植花草,应根据其小气候特征,选择适宜的品种。简单来说,在光照强烈的东西向阳台,宜选择那些喜光的"阳性植物",如茉莉、月季、石榴、盆栽松、柏类等;在光照较少的北向阳台,宜选择那些"阴性植物",如万年青、天门冬、阴绣球等。

室内的小气候又和阳台有所不同,室内的光照时间较短,所以最好选择那些能较长时间耐荫蔽的阴生观叶植物或半阴生植物,如文竹、万年青、龟背竹、棕竹、虎尾兰、橡皮树等。工作繁忙的人可以选择一些生命力较强的植物,如万年青、虎耳草、佛肚树、竹节秋海棠等——这些植物不用精心打理也能生长得很好。

此外,选对植物还可以反过来调节和改善室内的小气候。比如,在阳台种植牵牛花、常春藤以及盆栽葡萄等藤本植物,可以在炎炎夏日起到遮挡烈日、隔热降温的作用。

在实际栽培过程中,想要养好花草,仅从品种上考虑往往是不够的,我们还需要采取一些改变小气候的措施。最关键的一点是对光照的调节。

以阳台为例,为了防止烈日暴晒,我们可以用遮盖物遮阴,以起到减少光照的作用。遮盖物可以选择单层、双层或多层,其疏密程度要根据植物的阴阳习性来确定。

同时,阳台的朝向不同,需要布置遮盖物的位置也不同。比如，东向阳台可在南端加设遮盖物；南向阳台可在西端加设遮盖物，以防西晒；西向阳台可以在阳台外侧设置可通风的垂直苇帘。此外，如果想要增加光照，还可以采用灯光照射的方式。

除了光照，温度、湿度和风速等，都是不可忽略的气象要素。其中，降温可以利用遮阴和喷水喷雾来调节。遮阴不仅能起到消光作用，还有降温效果。喷水喷雾时，水在蒸发过程中大量吸热，能使环境温度大幅度下降，也能起到降温作用。此外，通风同样具有降温效果。另外，还有塑料薄膜保温、遮盖物保温和外界加热等升温保温措施。

要想增加空气湿度，除了可以采取临时性的喷水喷雾外，还可以采取一些长效性的措施。比如，可以将盛了水的水缸、水盆放在阳台上，再用矮架把盆栽支在其上，就能起到很好的保湿作用。

另外，由于阳台位置较高、风速较大，植物的枝叶很容易被强风吹折，产生机械损伤，所以我们有时还要采取防风措施。比如，可用遮挡物防风，或把盆栽移入阳台底部。如果阳台主面是非实体，则可用其他物件将间隙遮挡住。

（上海市公共气象服务中心）

40 走路、呼吸，可以利用的零碎能源

情景

张大伯看着孙子明明在家里跑来跑去，不禁苦笑着说："这小子太闹腾了，一天到晚也停不下来，仿佛脚上装了个马达。"老伴也笑着说："那些能量都跳没了，真是可惜吃进肚里的大米饭，都被他浪费掉了！"明明的爸爸大壮则说："明天给他鞋子上装台发电机，让他给我们供电。"

世界上几乎所有能量都可以收集来发电。大到来自太阳的无穷能量，小到呼吸产生的能量，都可以转化为照亮黑夜的能源。但是，我们现在利用较多的是"较强"的能源。在我们身边，还有许多不起眼的零碎能源被浪费掉了，其实我们可以利用这些能量来发电。

（1）易拉罐发电：我国厦门理工大学的大学生刘

奇奇等人，开发出奇特的易拉罐花盆电池。他们把废弃的易拉罐做成小花盆，在花盆泥土中插入铜锌电极，种上绿色植物，利用溶解在湿润泥土中的矿物质作电解液，达到发电目的。易拉罐花盆电池可为一盏LED灯供电，在夜晚照亮我们的书桌。

（2）步行发电：国内外都有些厂商别出心裁，在鞋子里安装微型发电器，可以让人们边走边发电。只要每踏出一步，都会引动发电器产生微弱的电力，可以先储存在鞋跟里的小电池里。这些电力足以供应装置在鞋底后跟上和鞋子底部的小灯或发光器，它们在夜晚可以照亮四周的路面。

（3）足球发电：课余时间尽兴踢足球，天黑了抱着这个足球点灯看书。这并非天方夜谭，而是美国哈佛大学4名女大学生发明的可以发电的足球。女生们利用感应线圈发电技术，把金属线圈、磁铁和蓄电池安装在足球内。当足球无论是在脚下滚动还是腾空飞行时，线圈都会在球中不停地转动发电，所产生的电能被储存在蓄电池内。

（4）呼吸发电：无论是呼气还是吸气，都会产生一股小小的气流，这其中蕴藏着动能，可以推动隐藏在口罩内的那个小小涡轮机转动发电。为此，巴西研究人员把一个小型涡轮机装到口罩内，变口罩为小型风力发电机，为手机等随身小电器充电。呼吸产生的能量看似十分微小，日积月累也是很可观的。只要利用每天 8 小时的呼吸能量，就可以为一般的手机充满电。

（5）心跳发电：英国的科学家发现，可以利用周围震动产生的能量来发电。利用这个原理，他们开发出利用心跳发电的微型发电机。安装这种发电机的手机放在靠近胸口的衣兜里，心跳就可以自动为手机充电了，这样我们的手机就一直能量满满，在荒无人烟的野外你也不用担心自己的手机缺电了。

（6）噪声发电：法国研究人员开发出一种可以噪声充电的 T 恤衫。在充电 T 恤衫的腹部位置安装有一张白色纸片样的发电薄膜。穿着这件充电 T 恤衫在都市的大街小巷上穿行时，各种各样的噪声就会以我们感觉不到的方式冲击发电薄膜而产生电流。当然，并非只有噪声才能充电，其他声源也可以，比如来自电视机的声音。

（7）体温发电：美国研究人员发明了一种创可贴式的 MP3 播放器，可以利用锻炼时散发的热量发电，可让人们一边锻炼一边听音乐。在播放器的背面有一长条超薄电池，它能吸收人们锻炼时通过胳膊散发出来的大量热量，然后转化为播放音乐所需的电能。除了 MP3 外，这种超薄电池可以为手机、IPAD 等随身小电器充电。

（8）踩踏发电：在伦敦奥林匹克体育中心的一些人行道上，铺设了一种可发电的"能量瓷砖"。这款瓷砖利用了踩踏发电技术，一旦有行人踩踏瓷砖就能产生能量并进行存储。能量瓷砖将行人的能量储蓄到聚合物锂电池中，或用于体育中心的路灯照明、音箱、人行道的警报器、标志以及广告灯箱等设备。

（杨先碧　徐　娜）